FRANÇOIS JULLIEN

重新打開可能性

去-相合，一種操作術

DÉ-COÏNCIDENCE, UN ART D'OPÉRER

ROUVRIR DES POSSIBLES

朱利安 著
卓立 譯

獻給去—相合的朋友們
企求在社會中重新打開可能性

目次 contents

推薦序

去—相合的操作

林志明（臺北教育大學藝設系特聘教授）

一

面對法國哲學家朱利安晚近發展的「去—相合」（dé-coïncidence）概念，首先出現的疑問題將會是，如何定義或說明其概念內容？甚且，當我們更瞭解其諸多面向之後（符合法國的論談（essai）傳統，本書所處理的可說是「去—相合」的諸多面向），也會認為「定義」可能不是一個適合的「去—相合」操作，「去—相合」因其特性，不適合被「定義」，因為它也要求和自身「去—相合」。

在本書中，朱利安對於「去—相合」（dé-coïncider）這個新造詞比較完整的說明如下：

當我們要在語言裡創造一個新詞時，確實總是有所擔心。我之所以冒險這麼做，是為了凸顯出「相合」（coïncider），也就是持守固定不變且看似滿意的「相符」（adéquation），如何不再行得通、不再能使生命持續、總之不再那麼可靠了；為了指出做出「去—相合」，就是在變得呆滯無生氣的狀況內部拉開一個間距（écarts），從而再次湧現功效（l'effectif）出來。這是因為相符一旦達成，反而因此到了它的界限，即其終點目的；所以相合最終呈現的是「黏合」（coller），但它也會「堵住」和阻礙該狀況的發展。（第二章，卓立譯文，筆者為了行文需要，略為變動，以下同）

在此說明中，我們可以看到朱利安之前發展的一些思想資源，比如「間距」、「功效」，如何被重新融入及使用。但與之前他在發展出各種具創新性質、打開新的可理解性的思考資源較為不同的是，這次他強調「去—相合」立即便是具操作性的（opératoire）；作為概念，他想著重的並非它如何產生一個看待或理解事物的方式，而是它作為一個可以產生行動和思維的工具：

「去—相合」並不自視為觀念、世界的再現或理念，所以它沒有意識形態的成見。只要我們進入它的邏輯裡，進入它所闡明的萬物運作理路裡，我們便開門見山地立即看見「去—相合」如同概念，能立即讓人用它來操作（opérer）；換句話說，去—相合立即是具操作性的（opératoire）。其實一種概念並非某種看待事物的方式，而是被思考建構的工具，讓人用來行動和思索。（同上）

二

在這種觀點下，「去—相合」作為概念的定義或內容，反而沒有它的實際運作模式來得重要。本書第八章命名為「去—相合的操作模式」，對於理解「去—相合」，我認為，反而是更重要的。

在朱利安探討「去—相合」的操作面向時，我們可以看到他過去所著重的「內在性」（immanence）再度來到舞台前緣。朱利安認為，不會有「去—相合」的方法、規則、「執行步驟」或「操作指南」，因為它們都是依賴著外於情境的投射所找出運作的方式；他所構想的去—相合操作，是每一次都在情境的「內部」尋找開裂它的方式。而且，因為是深度地和情境相結合，也沒有固定規則和路徑可以依循：

假如我們對相關的情況缺乏敏銳的理解，就無法啟動任何去—相合。我們只有深入情況內在理路，並探查出正面性已枯死的部分（即使是微小的縫隙），才能從這些地方下手，使整體產生裂痕。（第八章，卓立譯文，筆者為了行文需要，略為變動，以下同）

這種由內在產生開裂及突破的操作方式，還加上了過去朱利安研究中國兵法所獲得的智慧啟示（比如奇、正相生的道理）：「由於相合甚至是毫不分權地全面主宰著，而且在其正面性裡自我滿意，我們就不應該從正面，而是從側旁、甚至運用策略性的資源來展開對它的攻擊。」（同上）

「去—相合」的操作方式，在朱利安的構想中，可說是有別於批判、逆轉這些戲劇性的風格，而比較是一種存在於內部的，以小小間距逐漸打開的，默默產生的轉化（「默化」）：「它是在已穩固的相合狀態內部，透過持續的小『間距』、逐漸操作的小小移位，暗中在內部拆解該相合狀態，並促使它產生裂縫，以此使它受損。」（同上）

由此也可以區分出「去—相合」與「反—相合」：

> 我們必須與這種「反—相合」（contre-coïncidence）相區分，並在企業管理研究內部，從該學科內在思考能力出發而進行「去—相合」（dé-coïncidence）：此去—相合的運作並不滿

足於推翻口號，但在其所涉及的領域內部確實地操作，並與口號拉出間距，以便於該內部重新打開可能性，而使該領域再次成為工地。（同上）

三

在接下來的第九章，朱利安提出「去—相合」的「宿命」問題。首先，當它出現的時候，或者會遭遇到無興趣的漠然，或者甚至是直接的敵意。朱利安的例子是，在雅典最終飲下毒藥的蘇格拉底，或是在耶路撒冷被釘上十字架的耶穌，他們都是偉大的去—相合者。然而，經過一段時間之後，「去—相合」被接受，並且自身也得到主宰地位，還可能變化為新的「相合」甚或「過度相合」：

這是去—相合的「宿命」：解放人們的話語最先被定罪，然後被其本身的制度化所顛覆，或說它的勝利反而是它的淪喪。甚至越具有去—相合的能力，因人的彌補心態而越激起「過度相合」（sur-coïncidence）。此過度相合在其自身的正面性裡固定下來，因而更殘酷地背叛去—相合。除非其內部出現新的去—相合……（第九章，卓立譯文，筆者為了行文需要，略為變動）

由這裡出發，我們應能夠回應在文章一開始提出的問題，是否適合為「去—相合」提供定義？如果「去—相合」本身有成為「相合」或「再—相合」的宿命，我想在這方面必須要有高度的警覺：

這裡確實有讓去—相合本身不安的因素：當它變成「再—相合」（re-coïncider），本身會變成一種口號、一個聯盟句子，命定受威脅失去自身的靈魂及操作特性，不是嗎？所以，唯有堅持避免變成一個再現、一個「理念」或一種使其再次變成具意識形態性質的世界觀，去—相合才能避免這種不祥的宿命。（同上）

作者序
遇見他者

臺灣歷史和政治的情況，與東亞其他國家很不同，與法國或更廣大的歐洲也很不同。

然而，難道我們不能構思一種共享的概念，穿越美學到倫理及政治領域的經驗，一同形構我們對當代世界的投入？

最普遍的邏輯正是如此：當事物相符相合，也就是這些事物完全貼合或全然對應，它們完美地相互扣合，即「相合」（coïncidence）最初的幾何學意涵。這樣的符合當然令人滿意，亦即它合法合理堅持它的相符、同意自身，憩息在它的相合裡且固定不變。它就不再脫離這個狀況，逐漸陷溺其中、硬化而貧瘠了；也就是說，它不再發揮任何作用，變得呆滯了。此刻，「合拍」（ça colle）表示符合變得如一種黏膠，人們無法跳離它。

「相合」便從先前的正面逆轉進「正面性」，即固定了、不發揮作用，而且變得貧瘠的正面。

因此，我們必須與這種硬化了、不再活動且造成阻礙的符合拉開一個「間距」（écart），透過使自閉硬化了因而阻礙任何發展的事物產生裂縫，也就是說，使其與該情況做出「去—相合」（dé-coïncider）。

我們以藝術為例（這是極明顯的例子）：一位藝術家只有當他與已經完成的、被認可的且被頌揚為「藝術」的藝術做出去—相合時，他才是確確實實的藝術家。或說，我只有與已經被思考過的內容且這個符合的內容被看作「真理」的事物做出去—相合，我才真的進行思考。

從生存的（因此最普遍的）觀點來說，我只有與已經活過的、與我當今擁有的相符生活做出去—相合，我才真的生活著。與我當今的相符生活做出去—相合，也就是說，我使現在如此適合我的生活方式、我正要安頓於其中的生活模式「產生裂縫」，這麼做是為了在我的生活當中重新打開可能性。

就倫理而言，我只有與自己做出去—相合，才能「遇見他者」（l'Autre）。否則我只與他擦肩而過，或者把他同化成我想要的模樣。

在政治方面，一旦一個理念變得相合性的，亦即被眾人集體消化吸收，所以不再被質疑，也不再被擔心，就會變成意識形態性的。

在法國和臺灣，今天我們正遭受哪些新形式的物化？市場以及強加給人們的科技應用，聯手強迫全世界接受它們的相合。我們都變成相連、交流且消費的主體，我們的生活大都花在勾選事先設定的合適選項。

這樣的「相合」繼「信仰時代」來到了，我們知道如何使它產生裂縫，與它重新打開間距，以便在我們的生活裡再次打開新的可能——亦即重新找到主體的主動性嗎？知識人的生活本身不就是受到那種相合的威脅嗎？

本書最後的註解，也對去—相合概念與「差異」概念之間的關係提出扼要的說明。二十世紀末，差異概念在法國最重要的思想家主導之下主宰了法國思想。然而，這「差異」看起來不是已「存檔」了嗎？此外，「差異」有倫理力道嗎？尤其是，差異概念容許人們從哲學過渡到政治嗎？

二〇一六年，我榮幸受聘為大臺北當代藝術雙年展的客座策展人，我為此雙年展提出「去—相合」作為展題，隨後出版的《去—相合：從此產生藝術與暢活存在》由卓立譯成中文（開學出版）。本論著是那本書的擴大和深化，特別是這本論著敞開了投入的聲音。

我再次感謝卓立翻譯這本書，我的思想研究成果在華文世界的傳播，大都得力於她的譯作。

CHAPTER

one

第一章

明天不再歡唱了

Les lendemains
ne
chantent plus

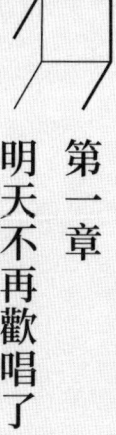

最近全世界發生了一場悄然無聲的革命，徹底改變了我們和政治的關係。我們越來越難以對將來（avenir，來自法文“à venir”，指將要來的、將來到的，有相信事情會來到之意）做出一份理想城邦的藍圖。然而，自古希臘人以來，我們學習形構更好的想法，然後設法使其落實於社會當中。大寫的歷史，尤其在歐洲，過去的確被「理想性」（idéalité，即一種精心策劃的善的形式，既是理念性的，也作為理想模式）承載著，該歷史也與我們的慾望緊密相連，也就是我們的生活（生命）想要投入其中。但今天這情形很難做到，因為兩個原因。首先，我們必須先做出「隔離」（isoler），才能進行「模式化」（modéliser）。然而，今天全球化的世界之特質就是沒有任何事物可被隔離開來，因為一切都「相連」、相接相交，所以是「複合體」。從此越來越難建構一種大家共享的理想性，至少就全球層面而言。即使我們更透過模式化和技術模擬來操作，我們反而不再有能力策劃出一種公共的善；這甚至是我們的時代最大的悖論。人工智慧在各領域獲得最大的功效，但我們再也無法為人類提出任何偉大的計畫。我們確實儲存了更多的「資訊」，它們越來越精準且網狀相連，但這些資訊卻幾乎無法為我們的慾望畫出形狀。它們甚至可能阻礙我們的慾望，並使其晦澀難懂。我們因此觀察到人們對政治的冷淡，宏偉的革命時代也一去不復返；我們只看到零星發出的拉緊報、對暴力的抗拒或恐慌。

其次，還有這件重大事實，即我們再也不相信將來了。至少傳統上歐洲人相信未來

（futur，指對將來是否發生的事沒有把握）引領著人們，未來因此與上述的理想性並肩同行，在過去兩者一起帶我們奔向比今天更好的未來。歐洲在宗教上認為人的歷史發展會走向救恩（事實上，此想法從末世俗化，而進步的意識形態就是其發展頂峰），但現在這種主張也無法說服我們了。如今我們不再能確定明天會「燦爛無比」或更快樂。我們只確定地球本身著火了。此外，甚至「自然」也不再能讓我們安心了；我們過去面對歷史上的重大災禍時就退守於自然當中，在其中找到庇護，而且自然恆常的週期性、季節的更新及收穫都讓我們放心。我們已窺探到地球上多處遼闊的地區很快會變得不適合居住，假如這種演變最後成真呢？儘管種種資訊及其應用算法的繁衍越來越干擾人，甚至使人異化，對我們而言，世界整體上似乎越來越不確定。我們從未像現在如此確定地掌控世界，但同時，我們也從未如此擔憂這個世界會逃離我們的控制。我們在這個世界裡畫不出任何未來的願景，這也是為何將來對我們無言了。我們過去認為人類歷史合理地會走向一個更完美的社會，而今該歷史的合理性卻不再強加給我們的思考，換句話說，明天不再「歡唱」了……

所以，我們再也無法推出「另一個世界」，不管它是模式化的（像革命論裡所高舉的另一個更好的世界），或只是想像的烏托邦。之所以做不到，是因為沒有實在而穩定的「將來」讓人可以對其推出另一個世界的願景。然而，我們能因不信任未來而退守於

「目前」、自閉於眼前的泡沫裡、隱身在不顧將來的「今朝有酒今朝醉」（présentisme）嗎？「能做什麼呢？」企圖顛覆全球市場所產生的世界秩序，企圖推翻不斷擴張的科技帝國，誰有力量這麼做？與此同時，在面對那些使人異化的科技和市場，它們不斷地繁增且變得沒有面貌，或說其面貌只是面具而已，企圖揭發它們顯然無濟於事；總之，不再被聽見了。我們不得不「做」別的事。上述當今的局勢顯然要求一種新策略；由於正面對抗它的企圖夭折了，並顯得束手無策，所以新策略必須旁敲側擊，而且須更含蓄。由於言辭本身不再有切入點，因此新策略不做長篇大論，它反而深藏其中，也就是我們要回到眼前的現況，要在自身所在之處小範圍地探察（détecter），而不是投出計畫（projeter），亦即搜尋並鎖定所有阻礙並堵住現況的事物，然後使其「產生裂縫」（fissurer），如此一來，就能使該受困情況「重新打開可能性」。這些可能性是我們之前所不知道的可能性，否則它們仍是一種來自我們形構的模式所預期的呈現而已。正因為我們從未想像過那些可能性，它們才能展開「可能」之力，也就是它們能提供尚未被預想的資源，為我們開闢出一種將來的願景，而且這一切是從眼前的現在出發而展開的。

如果我們不再能夠像至今所做的那樣順利地對將來投出計畫，又如果揭發（不良事物）之舉在混亂的世界裡不再被聽見，而且我們也不接受對現狀的逆來順受，那麼毫無疑問地，我們必須探察出使現狀「堵塞」的癥結，探察出那甚至在現狀內部堵住它發展的事物，才能揪出該癥結。如果說當今的世界局勢自築高牆，而且封閉世界的牆再也看不見了，那麼其出路不就在該「封閉」？我們可做的絕不僅止於抱怨我們的「失望」。事實上，堵塞局勢發展的癥結是什麼？以最普通的說法，如果它不是一種固定而僵化的相合形式，我們持續地同意它，以至於局勢逐漸在其中萎縮，直到變成死胡同，但我們不承認此現象；是否還有其他可「封閉」局勢、阻礙其發展，以開出一種將來的因素嗎？自我閉守於相合裡的局勢不再脫離自己了，隨後就停留在與自身的相合裡，這種態勢因自我關閉、自我堵塞而自行熄滅本身更新的能力。

我們還必須在所有的實地經驗裡，隨處局部地勘查既成的相合形式，這些相合形式在其本身的相符裡萎縮，我們甚至都沒察覺到。它們從而卡住某個可能的發展。鑒於我們在世界上行動的範圍非常有限，而且我們的主動提議也相當受限制，我個人至今還沒看到解決此問題的合適對策。有人一定會說，如果有「相合」，這表示此相合適合我們，它與我們「合拍」（ça «colle»），所以它令人滿意。但正因為它「完全貼合」，它就足夠了，它能適應、能滿足，而且不再起作用，也不再發揮功效。這就是為何我們應該拆除變得貧瘠的相符，才能使呆滯的狀況不再被堵死，讓牢固的相合產生裂縫；換句話說，使其「去—相合」（dé-coïncider），才能使現實重新動起來，再次為自己開創出一個將來。

CHAPTER

two

第二章
相合即死亡

La coïncidence est la mort

一種最普遍的經驗之談是，「適應」本身很顯然是正面的。（歐洲）古典時代不也把真理定義為「思與物相符」[1]？但是該相符一旦立身於正面性裡，它就不再受到質疑，它就在自身的符合裡僵化、固定不變而不再自我超越。問題不在於合理的相符相合，而在於相符黏合於自身的相合，從而不再脫離該相符，事實上是「堵住」（bloquer）變化。這是從「相合」（coïncide）的幾合學本義來說，兩條線或兩個平面完全貼合，這意謂著所有令人滿意者。但正是在相合裡牢固的「正面性的」沉積而變成僵化貧瘠的正面之物，變成了「正面性質」（positivité）。亦即該正面性的內容在自身內部暗中逆轉成與其相反的負面性的事物，從而阻礙情況的演變，也擋住將來的產生。

與歷史一樣，我們生活的運作也繞著我們從未看透的真相，即相符相合（其中一切的「合拍」只是適應帶來的結果）所呈現的正面性，在人毫無警備之下逆轉成負面性的，也就是相合裡的「合拍」表示贊同，卻因此抑制了情況的演變，並堵塞情況可能的發展。換句話說，該「穩態」的正面性就是死亡，由於它不容許現狀發展出更多的可能性。該正面性的自我滿意使它凝固而變成呆滯，它被賦予的權威則使其更牢固。在這個權威的掩

1．譯註：心中所構想的與實物吻合。

護之下，該轉變顯得更合情合理，因而不被揭發。這就是為何人們不會懷疑看起來合法的正面性。因此，我們通常說「制度化的宗教」（religion positive）[2]，亦即該宗教屹立於其信條及其制度裡，它的宗教形式也與其相應相合，卻反而因此失去了使它活潑綻放的興發。又如我們所知道合乎法典和法律條文的「成文法」（droit positif），其實也可能是不公正的；由於其所引發的不公正已被正式確立而有了莊嚴性，該情況便更加嚴峻（如拉丁文所說的"summum jus, summa injuria"）。

此刻我們必須理解，「使之產生裂縫」（fissurer）是含蓄的介入方式，目的是在自身的相合裡萎縮的情況中重新開創出將來，因為該相合情況癱瘓了，也變得貧瘠了，甚至連我們都沒想到。此後我們不得不採用這個策略，即探察該相符的正面性所滲出的反面性，甚至善加利用此反面性，而不再信任已經坐穩的正面性。由於此正面性只會從內部使局勢鬆懈，然後壓抑局勢的演變，而且這狀況甚至發生在該正面性主導一切之時。善加利用反面性，亦即在已出現細縫之處以刀子劃過或插入「角落」裡（因為與其本身相合的正面性裡面硬化了，即使表面上還沒被看出來），以便與其拉開距離。「使之產生裂縫」也是積極地承接內部剛出現的裂痕，是為了使該情況與內在理路拉開間距，此內部貫通性帶來其相合，但從此逐漸變成負面性。隨後，使該情況與自我同意的相符做出「去－相合」（dé-coïncider），因為相符不再進行反思，也不再居安思危，所以不再活動而沉入其自身的昏睡裡。

「去－相合」的運作意謂著我們不再等待某種外來的動因，以促使局勢重新開啓其可能性；從策略的角度來看，操作去－相合讓我們看到已做出可觀的移動（déplacement）。這移動就是我們不再等待預先投出宏大計畫及控制，或等待某種好運或天助，亦即總是等待某種超然之事，即使這只是一份善意；而是從自我滿意的正面性內部出現了脫離自身的可能性（由於正面性在其正面性裡穩固、在其相符相合裡萎縮、在其安穩裡變得貧瘠，因而在其內部衰弱）。這甚至因為該貧瘠阻礙了可能的發展，所以要脫離它。換句話說，出路「來自現況」，此狀況再也無法忍受使其硬化的相合狀態，而自行呼求要解脫，隨後要重新形構。

當我們要在語言裡創造一個新詞時，確實有所擔心。我之所以冒險這麼做，是為了凸顯出持守固定不變且看似滿意的「相符」不再行得通，總之不再那麼可靠了。為了指出做出「去－相合」，就是在變得呆滯無生氣的狀況內部拉開一個間距，從而再次湧現

2．譯註：十八世紀時為了對抗民間自然信奉的信仰（被稱為 religion naturelle），教會以天主教的信條和制度把宗教信仰框住，稱之為 religion positive。

活動出來。這是因為相符一旦達成，反而因此到了它的界限，即其終點目的；所以相合最終呈現的是「合拍」，但它也會「堵住」和阻礙該狀況的發展。於是，「去─相合」概念回溯到那些五花八門且神奇的「斷裂」（Rupture）之上游，從內部去說明情況之所以生成的可能條件。此外，一個新字成為一個全新的用語、未被使用的詞彙，就可避免我們掉入指鹿為馬的陷阱及哲學爭論當中，我們也就不需為了使它平反而去清洗它。還有，「去─相合」並不自視為觀念、代表世界或理念，所以它沒有意識形態的成見。只要我們進入它的邏輯裡，進入它所闡明的萬物運作理路裡，我們便開門見山地立即看見「去─相合」就是概念，能立即讓人用它來操作；換句話說，去─相合有操作能力。一種概念並非某種看待事物的方式，而是被思考建構的工具，讓人用來行動和思索。抽象的去─相合概念不是從某個特殊經驗領域萃取出來，因而是最普及的，可以讓我們穿越人生經歷的各個層面。

相合即死亡，相合受到自身規範性的抑制而不再轉化了，各領域確實都有該現象，而且我相信人類早在思考之初就反思過它。譬如古代物理（盧克修斯的《論自然》）當中必須假設，像雨一般規律落下的原子必須稍微地偏離其所預定的相符行程（即物理上原子合理的垂直下落），某件事才會「發生」，也就是出於上述「去─相合」（即偏離預定的下落軌道），原子才能稍微「相碰」，而不是永久地絕不相碰地平行下墜；因此才能產生「某個事物」，隨後演變成一個世界。該「輕微傾斜」（légère inclination）或說原子偏離其相符之軌（拉丁文：clinamen），是在邏輯上思索最基本的現象時當用的必須條件，遠非（批判盧克修斯的學者所說的）物理理智思考中因過於粗心大意而留下的一個洞窟。如此是為了論證此二者：解釋宇宙所誕生的一種自然的甚至「唯物論的」起源，並說明其中有自由的可能性。

或許看看我們的文明首部宏偉的敘事開篇，其所提及伊甸園中的生活沉浸於相符相合裡（人與神的相合），但其中不再發生任何事情了。該相合不會自行產生裂縫嗎？除非蛇（以及蘋果、犯錯）前來使相合狀態出現裂痕，沒有任何事會在如此安排的正面性裡發生。蛇的出現引入了人違反神聖的環境，從而與本原的幸福之相符拉開間距，而為發現自身有主動能力的人類帶來一種新的可能性。人在羞恥和痛苦之中有了意識，如此把人提高成主體的人類歷史，就藉由脫離伊甸園的逃亡而啓動了。也可以看看在《約翰福音》導言裡，神為了不會在神裡萎縮而與自己做出去—相合，而成為其子（即基督）。也就是身為永恆之主的神化成人身，像奴隸般死於十字架上，這是為了不自閉於神聖性的相符裡、不被縮減成一種神學本質的「神」，而在其正面性裡抑制它的神能。如此一來，反而與自己拉開了間距，他因而能在自身裡積極地自我推動為神。

更廣泛地說，人的進化不就是出於去—相合運作？人類與原先的相合狀態做出間距而成為人；換句話說，人類與自然環境做出去—相合，並脫離先前對環境的適應，而不只是順應環境，他因而自我提升，為自己開創了新的可能性，從一個階段到下一個階段，開拓他的人性。於是，去—相合概念讓我們得以論證此二者，即持續的演化和一種嶄新狀況的湧現；也就是有一天人能夠站立、說話、思考等等，即人得以「挺立於他最初的限制之外」而開始存在（ex-ister）。這也是人在其生存裡各個層面日復一日不斷重複做的事，他因而無限地提升自己。[3]

3．延續了我先前出版的兩本論著：《去—相合：由此產生藝術與暢活存在》（二〇一七；再版：口袋書叢書，二〇二〇）、《去—相合政治》（二〇二〇）。

CHAPTER

three

第三章
發揮作用的去—相合

La dé-doïncidence à l'oeuvre

所以，「去—相合」的精義就是：與已取得的相符打開間距，並因為不滿足於在相符規範性的封閉裡受困，而發現了至今尚未想像的新的可能性。自我滿意的相符狀態在自身的權威當中逐漸硬化和物化，因而不再革新了，也因此自行拆解。我們到處經歷相似的狀況，甚至人的「生活」內部早已進行去—相合。我之所以實實在在地活著，是因為我持續地拆除我在生活中已抵達的相合狀態，我的生活很可能在此相合裡萎縮了，但卻連我自己都沒察覺到該情況。反過來說，今日我之所以活潑有朝氣，是因為我與昨日的我做出了去—相合，與我生活裡被安排成規範、相符且固定的事物（人們稱之為「習慣」）以及成了不再真實活著的生活，即「非生活」（non-vie），做出去—相合。

我們在各個方面都可查證上述現象，首先藝術領域就能提供典範。一位藝術家只有在他與已完成的藝術做出去—相合，才確實地成為一位藝術家；那完成的藝術已穩立於其相符裡，因而被認可為「藝術」，藝術家只有懂得脫離這樣的藝術，特別是當藝術家在面對當下被認可及被賞識的「藝術」時，能逐漸與其打開間距，才是真正的藝術家。那種被認可的「藝術」構成藝術的「經典」，早就在它沒看見的牆之間原地打轉。我們甚至可以說，只有當藝術家自行與其個人已完成的藝術做出去—相合，才是真正的藝術家。也就是要自問：我能和我之前藝術創作的成就做出多大的差別？我覺得那些成就是相符的，而且我因此感到滿意，但我的藝術卻在其中成了規範而萎縮了（不再進展了）。

真正的藝術家不也是每天早上如此自問並因此感到不安嗎？實在說，藝術家與其說是一位「創作者」（Créateur 這個造物性的用語過於神話學性），倒不如說是一位恆常的去—相合者（Dé-coïncidant）。

在思考上也是如此。一位思想家只有當他與思想裡被思及和被同意的（首先與被認定為「真理」的相符）做出去—相合，才真的在思索。個人也是如此。我只有在與我已思考過的事物做出去—相合，才真的在思考。由於我的思維休憩於我已思考過的事物當中，總有可能自我萎縮，從而使我自閉於「體系」裡，我的思維就會在其中原地打轉。與我已思索過的做出去—相合，是為了在思考內部重新打開可能性；同理，藝術家與已完成的藝術做出去—相合，才能在藝術內部重新打開可能性。哲學史就是由其本身連續做出的去—相合所構成，而這些去—相合持續地支撐哲學一再地拓展。例如：即使亞里斯多德自認為他的合法性來自他以真理為由而「批評」柏拉圖，但他的合法性也是來自他與柏拉圖思想變得相符而被建立成思想規範，而成了學派並固定為「柏拉圖主義」的威脅做出去—相合。亞里斯多德因其與柏拉圖之間所打開的間距，而開闢出一條觸及未思的路徑，並在思想上發現了一個新的將來。在那之後，當亞里斯多德的思想變成「亞里斯多德主義」時也會有同樣的經歷。一般而言，不管是藝術還是哲學，起初所有的「主義」指出的都是具有發明力的去—相合，但是最終都變成穩立的相合狀態而成了學派；

所以不得不從該相合狀態內部使其產生裂縫，才能再次革新。

在我看來，所有的活動都是如此，不僅在藝術或哲學方面。當我們把上述的理路運用到其他的領域，例如心理方面，我們的確可以把一次臨床分析「治療」視為一種操作藝術（un art d'opérer），促使受分析者自我去—相合。我們知道，接受精神分析者住在其個人的精神病裡，並與自身精神狀態相符相合，因此全然認同之，該相符狀態遂將他帶到發瘋或毀滅的地步。他之所以聽不進別人給他的理智說法，而且抗拒可以得到解放的前景，這是因為他固守上述的相符模式，這種相符形式對他而言是撫慰但也能折磨他至死。佛洛伊德說：「他（被分析者）愛其胡言亂語如己。」（«Il aime son délire comme lui-même»）我們於此再次看到佛洛伊德不斷說的，受分析者這方聽不見（分析師對他的症狀所做的）揭發分析，所以（分析師）想要扭轉（被分析者內心）由多重因素鞏固的精神狀態，顯然是不可能的。分析師只能以間接的方式、旁敲側擊地鼓勵病人從他的「舒適」裡跳脫出來，卻不是被「拯救」出來（傳統上對救恩的等待），而是脫離自身的適應狀態。也就是說，在創傷產生的精神疾病裡偵察出「破綻」（fêlure），此破綻所透露更明顯的病症，讓人可以從它切入，以便撬開卡住點，從而協助病人與使他舒適但不可忍耐的自閉的東西做出去—相合。他才能與自己先前的生活打開間距，也才能與該狀況錯開來；一旦自我防衛的鉗夾被拆除，他才能看到精神分析治療過程中所透露的一些沒想到的可能性，此刻受分析者的「第二人生」（seconde vie）就逐漸形成了。

當今越來越常見的在法庭外進行「和解調停」（la médiation）也有相同的做法；之所以這麼做，不只是因為法庭要審判的案件太多，也是因為和解調停的確回應了社會上越來越大的需求。我們可以這麼說，接受和解調停的雙方自閉於各自的相符相合裡，並全然認同該相合：「這是我的權利，而且我是對的。」法官使衝突的雙方正面交鋒，以外在於雙方的至上動作，即所謂的「公正」執法來審斷是非。然而，和解調停者企圖使雙方敵對的證詞（每一方都認為自己的說詞明顯是合理的）所築起的高牆產生裂縫。他試圖在雙方寸步不讓的面對面裡撬開一條曲道，以便每一方得以與自己既定的立場做出去—相合，逐漸地脫離他原先堅持的相符狀態，而能稍微偏離此狀態以便與其拉開距離。以至於重新湧現出可遊走的空間及操作餘地，每一方越出各自先前的立場，大家沒從未預期的資源也因此釋放出來了。也就是說，在受困的情勢當中重新打開了可能性，是自以為「這是我的權利」的任何一方從未想過的可能性。

我甚至覺得，從「寫作」嚴謹的定義來說，寫作不也和其規範限制裡變得僵化的語言做出去—相合？為了在語言裡「重新打開」其他可能的表述方式，亦即在語言裡再次找到讓我們能更好表達的主動性。這是因為語言在社會上作為人與人溝通的工具，傾向於固守習慣用法，甚至文學想像也固守其表達形式和主題。然而，由於句子也會在其相合裡萎縮，而不再「活潑」了，「寫作」就要使其固定下來，並阻礙創新的編碼化語言產生裂縫，如此一來便不得不重新琢磨措辭造句，就好比有朝氣地活著會使個人的人生重新活動起來。所有真正的作家都知道他們必須打破語言的循規蹈矩，必須讓措辭越出它的規範框架，必須與困死於其中的東西做出去—相合，才能更新語言的資源。

目前已成為全世界不得不使用的交流語言，也就是為了市場及其廣告，而被強迫全球化所造成的「全球英語」（globish，即global English），值得我們多說幾句評語。人們為了便於資產和想法的交易，讓全球英語的相合作用發揮到極致。但是，以全球英語作為唯一的通用語，會讓我們把其他眾多語言的資源擱置一旁，而這些語言便因其多元性而互相闡明。我們是否曾想像過，全球化的獨一用語所產生的相合效果其實會引起的流失？如果人的思考不再能從一種語言到另一種語言來回反思的話，它就會立即變得貧瘠了。我們也會因此鏟除掉翻譯者所完成具有生產力的工作，翻譯者本身就和他原有的語言做出去—相合，以便在其中打開其他的可能性，這些可能性能回應那些一開始不順應另一種語言環境的元素，而促使兩種語言相遇交會[2]。毋庸置疑，翻譯的操作方式已成為一種倫理道德的實踐。

1．請參考 Esther Lin 和 Lee Keunse 在「去—相合」研討會上關於翻譯的發言（二〇二二年十二月八—九日，巴黎 Centre Jules Vallès ：他們發言的文字稿收錄於《去—相合的應用》（*Pratiques de la décoïncidence*）這本論文集，Éditions de l'Observatoire, 2023）。我在此向偉大的法譯、德譯者 Erwin Landrichter 致敬，十五多年來他一直伴隨著我的寫作。

CHAPTER

four

第四章

去—相合倫理

Ethique de la de-coïncidence

人類應該在他每一個演化的階段與自己做出去—相合，才變成「人」，也就是脫離他已經取得的生存環境及他透過適應而取得的相符狀態，以致新的可能性從那些去除相符過程中凸顯出來，人類才能自我提升為「人」。「生活」也和它先前的狀況做出去—相合，與我們已經活過的內容（人在生於其中找到了平衡）打開間距，脫離已硬化的收穫，才能更新自身的生活。我們若理解與己相合會使這不再越出自己、而構成固定的特點的「自我」逐漸硬化，我們便能理解（與只是偽生活的物化生活相反）真正活著就是拆除會關閉自我的相合，這相合使別人認得出我的「個性」，即「固化」的我，完全符合自我卻已死了。「相合使別人認得出我的個性」這種說法不過是一種平庸的倫理道德經驗，我們無法對此抗議。但是，去—相合不會讓自己在自我封閉且頑固不動的固我裡萎縮，而是讓人能夠與過去的生活拉開距離，突破這個自我，並從此按照exister拉丁文本義（ex-sistere）「挺立於處境之外而存在」。既然如此的暢活存在挺立於自身之外，而非再次回落原地，此後我們就會過著活潑的生活。也就是不斷地重新打開尚未想像過的可能性，從而開拓出一種存在倫理。

去—相合倫理適用於與自我的關係，也適用於與「他者」（l'Autre）的關係。去—相合倫理拆除掉自閉的自我相符之後，讓我們的生存能力得以暢活，並越出固化的事物。同時，人也是和自己做出去—相合之後才能遇見他者：實實在在地遇見他者，而不只是在仿真造假的社交生活中與此他者擦肩而過，或把他者同化成自己。人們常說的必須「向他者敞開」，事實上無法達到該要求。因為只要我與自己相合，不越出我自己，我就無法觸及他者，亦即我不能自我突破而伸向他者，雖然「突破」確實有可能再次自我封閉起來。同理，只有觸及他者，我才能越出我自己。每一個人與自身相符相合，活在自己的圈圈裡並感到滿足，即使會因此感到無耐。這就是為何古典哲學因不知道思考和自身「去—相合」的自我，就不能思考「相遇」（rencontre）。然而，我們的人生卻是由各式各樣的相遇構成的，所有的小說情節都繞著相遇主題鋪陳的。但是，就如同古典哲學所做的，只要我們想著一個經常和自己相合的我主體，有自由做自己，不會與這個自己去—相合；它在邏輯上就難以思及「相遇」的可能性。因為我們沒想到相遇是要求敲破自我的限制，才能走出自身之外，所以我們只能想像人與人的「關係」，這關係把相遇壓縮成功能性的社交關係。

我們以婚姻為例來核證上述的現象。結婚之後，兩人的相遇就穩定成相符相合的關係。大家不都相信，婚姻事實上就是人生中最完美的「相合」狀態嗎？但是日以繼日，相遇之際在人生中所激起的第一次越出讓每一方和自己做出了去—相合而走出了自身的歸屬，才得以走進「兩人生活」（une vie à deux）的戀愛探險裡。每一方都很清楚，戀人漸漸安身於固定的相合關係裡，兩人的生活反而失去了強度和密度，相合的正面性自我封閉而使人喘不過氣來。這情況是「逐日」變成的，兩人並沒察覺到，所以也沒辦法去抵抗它，甚至無法談起它。很多小說都描述過該情景。司湯達在他的小說裡讓主人翁朱黎安在結婚之前就去世了，就為了讓他免去上述的婚姻失敗下場。在伯格曼（Bergman, 1918-2007）一系列電視劇〔《婚姻生活》（*Scènes de la vie conjugale*）〕的開頭，一位記者採訪一對秀恩愛的夫妻；但是這兩人不也是在表演嗎？（或說，他們不也代表社會上男性/女性所扮演的角色應當使用的語言和人物嗎？）他們的婚姻當中一切都相符相合：外貌、性別、職業，他們的愛好和興趣都協調，有可愛的孩了，等等；眾多優點鞏固了他們婚姻生活中正面性的事物。他們當然「相愛」，所以一切「合拍」。

然而，我們已經猜想到，其實那種抵達頂端的正面性已有了裂痕。那位丈夫很明確地說他們的性生活「極其完美」；但是他稍後也承認他無法繼續或不想要有這樣的性生活。這些裂痕出現在滿足當中，甚至起因於該滿足；人們當然可以堵住那些裂痕，也可以出於善意地對其保持沉默，但是它們無法被重新縫合。於是每一方陷入了自顧不暇的自救行為，不管是承認還是否認，是出於惡意或善意、掩飾或修補、雙方默認的自欺欺人或狡猾。這麼做是出於他們不懂得與看起來正面的婚姻狀況一起做出去—相合，該正面性固定之後，反而暗中漸漸逆轉成負面性的，但表面上仍給人幸福生活的形象，天天如此而變成不可忍受，甚至讓人要對其吼叫。然而，這樣絕望地往前衝撞卻執拗不屈，為了尋得一條出路，時而出現笑鬧劇、時而出現悲情劇，甚至接近悲壯慘劇。此刻真的很容易尋求心理解釋，或以道德說教指控對方或甩開他，指責時代、家庭或教育體制，細數前例及當下環境，尋找事情演變至今的來龍去脈，指控世界。即使如此，他們仍舊否認兩人生存之中結構性的因素，其實應該反思這個因素，而不是掩藏它。該因素就是在其正面性裡建立兩人關係的相合狀態，只會越變越差，這是因為這兩人不懂得與自己保持距離，也不懂得和彼此之間的相合保持距離。也就是說，兩人不懂得以間距及外在因素（即用我所稱的「ex-time」跳出親密）讓兩人的親密重新燃燒起來，該親密因安穩於相符狀態裡而萎縮了。亦即共同分享要求很高的「兩人一起進行去—相合」，從而重新開啓「兩人之間」的可能性，並讓「生活」變得前所未聞。

因此，去—相合概念能讓人在根本上踏實地生活，並照明兩人之所以親密的內在理路，把這些理路從老生常談裡清理出來，而不會造成悲劇，也不會變成心理解說或道德說教。去—相合概念是全面性的，植根於生活經歷，順著倫理道德甚至政治的內在理路而拓展出去，此刻倫理和政治之間的連繫卻不受某種系統或意識形態的束縛。因為去—相合概念自始至終的論證邏輯是，揭示那變成「相合」的事物會自我消逝，或者因自身的相符狀態而發生質變，所以該概念就能確實地使最多樣性的經驗彼此互相交通。又因為去—相合的理路本身不是意識形態，甚至能去除意識形態性的迷思。

CHAPTER

five

第五章

相合是意識形態性的

La coïncidence est idéologique

我們就從這個界定開始吧：一個想法一旦變成相合性的，就變成意識形態性的。於是，變成相合性的想法有了集體認可的地位，因而在社會中具有主導地位。「變成相合性的」意謂合宜且適應的，隨後便穩立於其自身的正面性，並將它的相符狀態強加給所的有人，之後還滲出附著，從而使它看起來「理所當然」（évidence）。以至於它不再被視為只是眾多意見中的一個而已，它也不再遭受抗議，因為人們的思考對它的「偽理所當然」沒有切入點。結果是，該集體性的相合本身就製造出「良心」（bonne conscience）。也就是說，這樣的呈現非但不再受到批判，甚至不再被思考了；它同化得非常好，以至於人們不再想像它是可以被批判的。於是，該集體性的相合最終帶來不再被質疑的「順從」（obédience）。而順從比服從（obéissance）位於更上游之處，因此是危險的。我們可以拒絕服從，因為我可以選擇不服從。我還有個人自由選擇違反己意去服從或起身反抗，拒絕服從就需要個人意志力和勇氣。猶太人大屠殺的歷史慘劇（la Shoah）其實教導我們在服從了幾千年之後必須有不服從（掌權者不人道的命令）的義務。然而，「順從」本身不會反思，人們並不知覺自己在順從。我們無法「不順從」，此乃「被動性」的巔峰；而相合能帶來如此後果。

為了理解該意識形態性的相合，還必須區分「集體的」（collectif）與「共享的」（commun）。共享的事物是製造出來的且被推動的，其目的在於分享（partage）和參與

（participation）。也可以說人與人之間的關係是互相的，亦即分享所產生的共享，而共享也製造分享。亦即我們所分享的東西就是我們所共有的，自古希臘人以來，按照從小到大的等級來說，人們分享著：配偶、家庭、城邦（然後國家、歐洲、人類、生物）。原則上，政治就是由這種分享而得的共享所建構的（由此也可以設立環保政策）。然而，「集體的」只不過是累加而成的，說得難聽一點，它是靠數量大而形成的。它結集了很多人，但並非出於某個超越集體而被大家分享的利益，即一種如拉丁文說的「我們之間」（inter-est，法文：entre nous）的利益。我認為相合現象既可以是集體性的，也可以是個體性的，但是該現象不會因此產生共享。相合現象引來加入或更準確地說附著（「合拍」），但不會因此帶來分享。加入（adhésion）還算主動的，有一定的意志力和選擇性，但是附著（adhérence）是遭受的，這是零度參與，同時也是最高度的凝聚，它終究只是聚集而已。

於是，我們理解在社會中變成了相合的用詞和議題只是「老生常談」，就像我們古典傳統裡要展開的主題（topoi），其作用不限於只在支撐演講上的滔滔不絕。我們也明白它們不只是樣板的「陳腔濫調」，好像固定套用的措辭，因操作方便而通用無阻，人們因而不再反思它們。該相合狀況也不關乎品味和生活模式的「摩登」效應，一種人們喜愛的「恰如其分的語調」，但會因為人們過於在長時間裡喜歡口味的改變而變化。「相合」是一種與摩登完全不同的重大意識形態的現象，既然城邦裡（指群體共處的空間）所有的人不知不覺地受到相合所產生的附著管理著，他們就無所顧忌地全然投入，並提出支持相合的論證。如此，那才是一個令人擔憂的嚴重現象，在今天更令人擔心。

昔日大多數的歐洲人不得不接受基督信仰，上述意識形態性的相合雖不同於基督信仰，不也是當代專有的現象嗎？幸運的是，權威不再強加宗教信仰給我們的社會，但是意識形態性的相合現象反而在社會裡擴散，當今已變得非常重要，並且在某種程度上接下了信仰的棒子；宗教信仰在過去主宰人們的生活，如今相合取代了信仰而主宰著我們。昔日政教權力確實要求社會要有宗教信仰，而且此信仰是透過教條來宣告。而過去人們的確在宮廷裡也在城市裡追隨瞬息萬變的潮流，以娛樂自己。然而，當代的意識形態性的相合既不像宗教信仰公開地宣布最後的真理（過去人們可以勇敢地在理智上批判它），也不像人們可以玩弄的流行效應。意識形態性的相合觸及的是上游之處那些呈現模式的本身，而且是透過模糊的方式，好像它來自一種集體的思考能力，因而看起來是合理的；從此以後，我們就不知道如何挑戰它了。

我們還必須注意這件事實：如果說日前意識形態性的相合變得非常重要，這是因為有媒體大量製造和傳播。當然不是記者，而是傳播媒體的功能，使得相合性的用詞及話題在今日透過傳播強加給我們，它們就透露出顯而易見的理所當然，直到人們有了不再反思的順從。因為傳播媒體的功能不僅止於協調演出和引起共鳴，它還扮演「形成」的審級角色（instance in-formante），此處“in-formante”有雙重涵義：一、傳播媒體為意識形態性的議題定調性及形式框架，人們就順著所定下的框架進行辯論；如此把該意識形態性的議題播散出去，並形成大家普遍的認同。二、越來越精進的傳播媒體技術很自然地帶來更緊密的相連效果，從而加強了其無所不在且不具名的製造特性。傳播媒體所大聲宣告的「訊息」反而在民主社會中產生使人「靜悄悄地被異化」的效應，即使它不因此具有常被指控的「操縱」特性。又因為傳播媒體的相合性產品是集體性的，它就沒有法律責任；它因此集結了很多「輿論」、傳聞或意見。更準確地說，傳播媒體是事先在輿論、傳聞和意見的上游架構了「意識形態性議題」的框架，讓人們以此框架為基礎來建構他們的意見和辯論。由於該框架表面上沒有超越大眾的權威、強加的教條或明擺的樣板宣傳，人們便以為那是人民的生活和聲音的自然表達。然而，這種聲音是公民們本身真實的聲音嗎？

傳播媒體的意識形態性的相合，的確是出於選擇過的事件剪輯以及不斷重播。正因為這個現象，傳播事件的篩選工作才能在全世界不斷發生的眾多事件當中進行；它肯定來自意識形態性的相合，從而傳播擴散出去且不斷地重複，不是嗎？事情的起因也是它的結果，如此循環著，一切就自閉於一種惡性循環，相合正是該循環的核心，但我們卻無法抨擊指控它。因為傳播媒體的功能事先架構了意識形態性的議題，並使其具有相合性。追求觀看人數的媒體就因為觀眾的附和，而加強了該具有相合性的意識形態議題。換句話說，媒體供應訊息市場，並回應媒體本身所激起的意識形態上的期待。在此之外的其他內容就「未被聽見」（in-entendu）。我們都知道媒體「只談人們所談的」，以至於大家更加談這些被論及的事情，因此大家所感到的相合就更加鞏固，甚至似乎強加給人們該宣傳主題（即人們不得不談它），而其重要性看起來也合理合法。其他議題便默默無聞了。我們經常觀察到，在媒體所傳播的內容中突然凸出一個不相符的東西，但這麼做只是一種更微妙地促使相合的運作，只會使人們回歸相合。這就是為何媒體使用該做法，並在表面上做出「開放」的姿態。

有人說，媒體在傳播訊息之前得先取得訊息，所以它們會做調查和打聽。人們會說，增多調查報導是為了讓訊息更直接、更具體且更接近大家的生活體驗。不過，我們也知道，實地訪問街民時所提出的問題其實早已事先設想了答案，所謂的實地調查只是被用來說出那些答案而已。媒體所展示的調查內容都被帶風向，而且媒體事先已經架構了受訪者出現的場地及其要說的內容，讓它們聽起來好像受訪者談的是他們私人狀況及其個人意見；然而，觀眾們所接收的資訊就是那些被安排過的內容。舉例來說，昨天有媒體在加油站問開私人汽車的人，汽油價格高漲對他們的生活帶來什麼影響；他們的回答肯定是我們已知道他們會說的，還有訪問的媒體人所帶的風向使得他們只能這麼回答。鑒於封閉他們的相合性的環境，他們能做出別的反應嗎？譬如，指出他們私人生活或生存在世界裡有其他比油價更重要的事。這就是傳播媒體經常製造的封閉的相合之循環狀態：人們探訪民眾的具體生活、他們過的真實日常生活，最貼近「真實民眾」，並從其口中收集他們直接且自然表達的內心想法。然而，每一個受訪者的回答其實都只是在證實傳播媒體在社會上無限期擴散的相合：他們「自然」說出的話使該相合更具有公信力，這是為何人們一直要求該相合，但沒想過此相合只是一個他們被灌輸的詞彙。

CHAPTER

SIX

第六章 當代法文相合性詞彙

Petit lexique français contemporain de la coïncidence

媒體論述所展開的議題及其使用的詞彙都是相合性的，一旦被融入民眾的聲音裡，它們就被賦予一種無名的權威。媒體論述無限期地散播那些議題和用語，即使對其不加以管控，它們也會留下烙印。這些議題和用語被媒體盡興地使用，因塞滿了論述而越來越不好用了，因此需要被替換。因為媒體既消費相合也產生相合，所以相合性的詞彙就因為經常被更新而變得稍縱即逝。相合性的詞彙既無法形構知識，也不能強置自己作為教條，它就一波又一波、後浪推前浪地占據著傳播空間。即使我很清楚這份相合性的詞彙表經常被重寫，但我還是在此提出幾個例子。相合狀態向來發生在一種獨特的環境當中，人們必須不斷地按照實際的社會變化，在一種特定語言或文明地域的框架裡來重塑該詞彙表。反過來說，拆除相合狀態的「去—相合」也只有在一種特定的歷史環境裡進行操作，才能證明去—相合的運作是具體而有實效的。

例如我們早在「預防」（Précaution）這個重要的議題裡看到，相合狀態持續轉化，但經常沒被注意到，即使在法國，「預防」曾經多年期間主宰著意識形態性的論述，後來卻被其他的詞彙取代並埋藏了。即使如此，「預防」概念本身仍具有合法性，它建構了一種進步觀：即越出了傳統的謹慎和預見美德，把預防和保護連接起來，「預防」概念就在其原則裡引入一種長期性脫離緊急使用且具有職業道德的想法，並要求政治理念須為其負責。然而，一旦「預防」變成相合性的話題，到處散播它的「理所當然」、強迫集體要順從它，漠不關心地擴散到一切事情上，而成為意識形態上的通行證，不再受到反思，此刻它的相符性就硬化成正面性，它先前在社會上的創新此刻反而逆轉成導致癱瘓的因素；此刻，它先前所擁有的合法性反而變成錯亂，甚至被用來掩蓋人們的害怕、阻礙人的主動性，或者讓人產生幻覺，以為不再需要面對險境甚至能取消一切危險，包括生活當中會遇到的危險。

隨之而來的是「韌性」（résilience），這個說詞也回顧過去，而不是前瞻未來。與「預防」這個詞一樣，原則上「韌性」是有根有據的，指出在遭受創傷之後重新取得平衡的能力：物理上，它指的是某種材料被扭曲之後重新恢復先前的形狀，人遭受打擊之後仍然屹立不搖的耐力，以及環保運作當中的韌性。然而，當「韌性」變成一個全然正面性的整體性用語，造成它的相符狀態就硬化了。當該詞被用來修補所有的傷害，它的相合性便好比一張保護罩子庇護著一切，並保護社會，正是此刻，它的合宜性反而因此消失殆盡；它只是一張貼在一切發生的不幸（水災、恐怖攻擊、大流行傳染病等等）之上的藥膏，人們召喚它如一個神奇的魔咒，以驅除任何負面的事物，並讓他們自己不必負擔更多的責任。「韌性」就成了讓人們可以洗手不幹的招牌，好像他們可以用自我重振來抹除掉過去所發生的（例如，法國新聞界不就認為勒龐女士（Mme Le Pen）在二〇二二年的總統選舉中表現得很有「韌性」）。此刻，「韌性」不需明說地召喚一種內在自發的模糊信任（obscur crédit），而這樣的信任扭曲了人對政治理念的意志，並使人不再為其投入，也不再為其努力，它散播著一種「軟式」放棄；沒有人敢再提起勇氣。此外，回到過去的平衡狀態（至少是後來人們回顧時所以為的）會是唯一理想的解決之道嗎？這其實只是以仁慈為掩護，而緊抓著眾所認同的疲軟無力的事物，不明說地把我們置入被動裡，好像沒有什麼需要抵抗和奮鬥的（「仁慈」本身也是一個相合性用詞，散播著一種溫和的道德，以避免做出一個看似斬釘截鐵的個人倫理選擇）。有時我們不該更積極地說出「抵抗」（résistance）嗎？尼采曾說法國「患了缺乏意志的病」（la France «malade de la volonté»）。

接下來的詞彙是「版圖、領地、轄區、地區」（territoire），這個詞變成相合性之後就不再被懷疑，人們不再想要質詢它，它就受到庇護。這是因為該字籲求恢復和「土地」（Terre）的連繫、要受惠於地方所提供的便利（諸如「短程供應鏈」等等），如此也符合環保要求，它甚至被用來表達自然無飾，因而代表真實性。一旦這個用詞穩立於其正面性裡，就被用為安慰劑或萬能藥。然而，即使它可以緩和情況（或鎮痛），它卻不是中性（中立）的，它甚至比它所取代的「地區、區域」（régions）一詞有更鮮明的意識形態，因為“régions”至少含有地理、歷史和文化的合宜性。我們隨口說出的「劃出領地（地盤）」（marquer son territoire），畢竟只以動物性的做法來表達一種完全忽略與他人分享的占有慾之想法。而且該詞變得有相合性之後，它使人們忘了它所隱藏的成見（因為它強調巴黎以外的轄區，所以拒絕「巴黎」、政治理念等等）。譬如在最近一次的總統選舉時有人自稱他將是「領地轄區的總統」，這讓他不必回應那些更有爭議性的問題（例如管理國家和製定外交政策等等）。與其任由該詞躺在其高舉的正面性裡而不再有所作為（它反而因此成了一個死字），或用它來掩飾問題，不如透過「去領地化」和「重新領地化」（dé- et re-territorialisation）來重新使它具有張力並活動起來，就像德勒茲所做的，即「重新領地化」指的是一種穩定過程，而「去領地化」指的是一種跳脫適應及蛻變的能力。舉個例子，我們看到法國鐵路公司（SNCF）在其網站的首頁聲明：「法國鐵路公司擔保所有的領地轄區內都可享受永續流動性（或說總是通行無阻）」，但我們也觀察到「領地轄區」一詞被用得好像理所當然，如此便成了相合狀態，而此相合狀態正是思考零度（即完全不思索）的展現，所以只能用來做廣告。

至於「環保論述」（discours écologique），原則上只是為某種正義辯護，如我們所知的，它關乎「地球上的生活」。環保論述也由命令的語彙構成並作為宣傳口號來傳播，即使它們看似相當初級，但它們在動員方面仍有充足的理由。這讓它取代了失敗的政治論述，而讓人得以抨擊政治論述的缺失。然而，一旦它變成相合性的，人們便集體地同化於其中，它不再讓人加以考慮，並逐漸自我掏空而無法逃脫在它之前的模式之最終下場；過去我們確實看清了那些模式的局限。首先看到的局限是，被投出的「模式化」

（modélisation）作為政治傳統上的重要手段，模式化的運作很樂意投射出有未來願景的計畫，從而拉開距離並抽身（désengage）。其次看到的局限是，與固定而硬化了的政治論述一樣，變成相合性的環保論述，而且持續地以禁忌和禁止（例如禁用殺蟲劑的問題）的思維方式來考慮事情；或者它呼籲這種膚淺的神話翻轉（即一百八十度的轉變）：「我嘛，我明天就自己製作麵包。」按理說，環保理當是我們的生活模式和生活習慣裡最佳的小型去—相合的實地操作領域，亦即與消費市場的意識形態的相合狀態拉開距離，這麼做就是為了回應維護我們的世界這個新義務。每一個人都可以在其身處的環境裡做出微小的去—相合，即使微不足道，沒什麼好長篇大論的，但一開始就確確實實的並帶來影響。

接下來的詞彙是「研究」（Recherche）。由於從事研究對智力的要求很高，而且研究的志向是提問和質疑，所以人們會以為研究這個字不會變成相合而萎縮。即使如此，我們仍然觀察到研究領域的詞彙也受制於相合性技術掛帥的規律（或說符合技術掛帥的用語），包括人們所謂的「人文科學」（為何強迫哲學歸入人文科學，這麼做反而使哲學的原則變味了，不是嗎？），而不再加以質疑。當今流行說詞是「網絡」（réseaux）、「安排、部署、設備」（dispositifs）、「（左右前後相連的）貫穿性」（transversalité）等等。這些說詞不只是樣板話或行話，順從它們的背後還隱藏著人們不承認的眾多成見，很可能也不反思它們。當我們看著巴黎人文之家基金會在走道上所張貼的招聘公告：「提供研究初步企劃案科技方面和設備方面的支持，使該研究方案得以在提問內容、方法論以及研究網絡的建構上更進一步」，因此「讓一些研究群體得以建構、互相合作，並提高其工作成果的能見度」；在這種變得完全相合且消毒過的表述詞彙之下，我們很容易就看出問題出在哪裡：教授講座被強迫撤消、拒絕個人作品的存在（履歷表上幾乎不再把個人出版的「書」算進去），更要命的是把想要熱情澎湃地做研究及具有探險精神地進行思考的慾望（即使此慾望可能是自私的）鏟除掉了（閹割了）。這樣的公告不會事先令人感到無聊嗎？為什麼必須一開始就否定研究者和思想家具有生產力的孤獨呢？為何一開始就否定這些人與已被思考過的（已被研究過的）拉開了間距？為何否定研究只有在持續地進行去—相合之下才存在？然而，現在人們大都以市場調查取向來建構一項研究計畫，而且其最終標準是「能見度」而非工作成果，只有「集體的」才被接受、才算得分。

其實我們不該被相合所建立的大家都同意的內容所矇騙；我們甚至應該探察產生相合和權力策略之間是如何架構的。「相合」確實有清除困境的作用：它讓人避免了正面對抗，也避免了更仔細的分析，而容許人們與困難保持距離。由於相合絕不被懷疑，它因受到純淨的包裹因而不必為任何實在效果操勞。當我們宣稱自己是「為環保負責的」（éco-responsable），我們立即站對了邊。當我們勾選了「企業社會與環境責任」（RSE：Responsabilité sociale et environnementale de l'entreprise）所有的格子並符合其要求標準，我們旋即受到保護，並取得優良行為的地位，從而不再為其做任何事。甚至「相合」在已取得的滿意合格證以及展示的可頌揚之目標的保護卜，卻偏愛以私利為主的觀點。這不是以正統為理由去欺騙，而是同謀，因為意識形態性的相合本身並不具有權威。此刻，環保的議題便提供了屏障，保護個人的私利，使其得以暗中發展。由於它製造了環保偶像、閃耀的煙花表演，並帶給人們良好的感覺，因此它很容易被用為護身符和藉口。

如果有人問我為何今日的法國顯得停頓不前，這狀況導致它看不到將來，而處於分裂的邊緣，但其實這個國家擁有很多優勢。我的回答是，那是因為眾多意識形態性的相合使得法國固定不動，導致它「卡住」了。一般而言，工作被視為「使人異化的」因素，這確實符合歷史發展的內容，而且此相符的事實容許大寫的歷史出現決定性的進步，為人類帶來解放。但是，這也形成了人們不再質疑的意識形態性的相合。然而，當今的工作模式和時間、環境和收益都大大改變了，該相合會使得國家不健全，並且停滯不前，由此產生的一種作為補償的「放假」神話使得國家癱瘓了。「服務」固有的高貴精神完全被忘卻了，而抱怨變成主導的聲音，甚至因為沒有人質疑抱怨的內容（「缺乏人力和財力」、「不划算」等等），所以抱怨就變成相合性的。

教育和文化要「民主化」，這是民主社會的基本利益，任何人都不會抗議它的正面性。然而，一旦該說法轉形變成意識形態，就是引起人們懷疑在法國所有「精英式」（至少在智力思考上）的優秀表現，於是它轉進了貧瘠的正面性，亦即暗中逆轉成負面的。人們甚至在拿破崙衣冠塚（Les Invalides）慶祝看得見的功成名就，這種功成名就是可以販賣的，只因為媒體的報導和傳播，該成功就受人歡迎。但對不外露的「勞心勞神」的工作，人們會說什麼呢？我們甚至可以問，人們不也是以變得完全不反思的意識形態性相合為名義，停止在高中教授希臘文和拉丁文嗎？不教授這兩種古典語文確實是一種辭退做法，可說是祛懦的做法，因為法國已經沒有資產階級式的高中，過去這類高中教授希臘文和拉丁文，因而扮演著區分精英和非精英的角色。若認為停止在高中教授希臘文和拉丁文這個現象是微不足道的，我們就大錯特錯了；因為該現象反而透露了意識形態性的相合，此意識相合最先就是與努力和注意力逆向而行〔西蒙．魏伊（Simone Weil, 1909-1943）對此曾寫過精彩的篇章〕，人們也避免提起努力和注意力。法國如此自閉於那些意識形態性的相合裡，而不開採和應用許多其所擁有但已失去了的資源。去—相合本身不就是政治理念的資源，而且唯有去—相合才能重新振作政治理念，不是嗎？

CHAPTER

seven

第七章

去─相合的政治資源

Ressources politiques de la dé-coïncidence

事實上，我們只有脫離先前的政治運作模式或改變先前的政治「語彙範例」，才能建構一種去—相合的政治模式，或以更積極的說法，一種「促使去—相合的」政治運作模式，亦即一種與先前的政治甚至與之前所構想的一切政治運作模式錯開的政治模式。其實我們若不想對眼前的政治情況感到絕望，當今的情勢的確要求我們進行上述的去—相合。我們已知道去—相合政治運作模式不同於傳統的「模式化」姿態，它更強調要貼近地「探察」（détecter）那些變成相合之後就「堵住」的事物。該模式也不以戲劇性方式去「顛覆、推翻」（我們沒有力量這麼做，也擔心顛覆之後所建立的只是同一個事物的反面而已），而且它不再滿足於「揭發」（揭發只停留在說話層面，能被聽到嗎？而且一開始揭發就脫離了實實在在會起作用的事物）。它倒是要「促使出現裂縫」（fissurer），我們要重複這個動詞，它是關鍵字。"Fissurer"主動地憑藉內部那些比較不穩固之處（這些部分本身就在抵抗已安置的正面性，並使此正面性出現縫隙），暗中透過它們來破解事物的整體性。不同於戲劇性的短促截然的「動作」，在情勢內部「促使出現裂縫」，是憑藉該內部已展開的因素及暗中破壞的過程性運作。甚至開始時它幾乎沒被看出來，但它一發出就有操作力。我喜歡引述索忍尼辛（Soljenitsyne, 1918-2008）的句子：「石洞畢竟是因為裂縫才逐漸坍塌的。」石洞的確不會被「推翻」，人們想過要「揭發」它們嗎？然而，當它們內部的裂痕多到、大到無法承受時，它們便自行坍塌。

由於我們在去—相合運作當中不再事先進行模式化，然後把建構的模式投射應用到社會上，昔日曾作為歐洲政治思想之基的「理論與實踐」關係就瓦解了。此刻，舊有的政治原則做法失去了存在的理由，該做法是以理性之眼構想一個「理論」的理想世界，然後以行動把該理想模式應用在社會事務裡。此刻不再需要「應用、實踐」這種事先建構的想法，以便該抽象形式落實於具象裡。換句話說，沒有去—相合「理論」，也沒有隨之而來的「實踐」。我常被反駁：「您說的去—相合在理論上很好，但如何實踐呢？」然而，去—相合正好就是沒有實踐問題。既然去—相合總是在實際情況裡岔開出一個異議，所以去—相合只存於它確實運作當中，只要它發揮作用，它就有了真實性。是故，去—相合避免了理論與實踐關係中無法補救的弱點，這弱點隨後成了損失，那就是理論之高下視實踐成果之多少而定，而且因為當下實地局勢的抗拒，實踐從未抵達人們構思的理想高度。因為去—相合一啓動就確實產生作用，它只能處於它所投入的層次上，或多或少能走得更遠，但絕不會帶來失望。

結果出現了另一個與已建立的政治思想的錯開：去—相合並不是從理論與實踐出發而構思，它也不是來自某個「開端、原則」（principe）或是從「最終目的」觀來形構的。我們確實聽見希臘字“archè”（亞里斯多德措辭當中的第一個字）所包含的雙重涵義，即「開端」（commencement）和「指揮、命令」（commandement），我們理解“principe”就成了指揮隨之而來的開端。希臘思想就是由此出發建構的，在邏輯上，我們不都從最先的「原則」出發來思辨嗎？然而，萬物當中甚至我們的思想裡存有這種「（原則性）開端」嗎？此外，在政治領域裡，那些邏輯上所安置的原則是否只是意識形態上預設的成見而已？去－相合既然要拆除原則，就不會安置任何原則。它依其所建立的事實，而不依其自身來自我引入並自我證明為合理。唯有當去－相合在局勢裡解除了堵住之處（即使這是符合所造成的堵塞），它才打開了可能性。去－相合也遠離意識形態性的選項，它更想跳脫正面性裡硬化成意識形態的事物。

此外，由於去－相合不把自身當成「模範形式」，它就不必建議自己成為要被實現的模範「目的」，它不會被安置成最終日標（依照「（模範）形式」與「（完成該模式的）目的」這組古老的希臘思維）。是故，去－相合讓我們再一次拋掉一種設想的抽象與理想的「目的」，更讓我們得以丟棄政治上意識形態性的最終目標。我們甚至能對照指導行動的目的論思維，而更好地理解「重新打開可能性」（這是去－相合的功能）。因為我們不知道「可能性的」會如何變成事實，也無法事先決定「可能性的」內容；但這正是「可能性的」確實是可能的，具有探險性的可能性，越出人們可期待的，也跳脫我們的思維常有的成見。我們都知道藝術家不從「原則」出發來創作，也不為自己設定「終點目的」，否則他創作不出來作品。他只有在與已完成的藝術、與穩立的符合做出去－相合之後，才因此在藝術當中打開一些人們無法預測的可能性；他的作品因而得以形成，並拓展藝術。

所以，去—相合不可能來自某種策畫或建議。一旦我啓動去—相合，我就有操作力。去—相合一開始去—相合就是一個實地操作的概念，早已進入狀況；即使它介入不深，卻立即看得到效果。我們無需害怕會出現很多平庸的現象，而是要在最貼近生活之處進行去—相合。例如，我不採用手機建議的短訊表述語來寫我想傳的簡訊（即使在統計學上那些用詞有其合宜性），我就已經和那些被建議的字詞拉開微小的距離，此刻我才真的重新開啓我的主動性，並實實在在地「寫」（簡訊）。還有，如果說為氣候而奮鬥的口號是「要有行動，不要話語（不要光說不練）」，我們看到去—相合概念確實回應了該要求，由於這個概念繞過了說和行之間的對立，而且此對峙向來威脅倫理和政治領域，人們早已揭發難以用行動來兌現承諾的現象。這是因為在付諸行動之前不必先在心思裡（在理論上）做出去—相合，一旦我啓動一種去—相合，不管多微小，我就已產生實效了。例如，我在市區以腳踏車取代汽車，我就立刻與「應該讓城市符合汽車所需」這句宣傳口號做出去—相合，事實上我也因此「為氣候起而行」。

由此我們看到，即使這個概念可用於所有的領域，適用於每一種活動，從神學到政治、從藝術到環保，去─相合概念有其一致性，而它的應用是複數的，甚至無限的多數。只有在實況裡才能做出去─相合，因此實況多麼多樣，去─相合就會是同樣地多元。然而，去─相合並非應用某個理論，所以它的複數性就不是複製，也不是某個獨特模式的多樣變化。它是本原性的。此外，既然它每一次都是獨一無二的，而且發生在一個特定地點和特定時刻，多個去─相合運作便不會構成任何整體，也不會融入任何全部裡：也就是說，它們「不會形成系統」，所以不會再次形成「任何意識形態性的機器」。結果是，它們不會進入任何階級性的結構裡，也不會建立任何上下垂直的關係。因此，去─相合既是實地操作的，而且根本上是平權及民主的：每一個人於其所在之處，就可以主動做出去─相合，而且不受到任何命令的指揮。眾多的去─相合不會被整合成一個全部，它們卻是在不同的領域之間相互回應；由此證明它是一種合理的「操作模式」。

CHAPTER eight

第八章 去—相合的操作模式

Mode opératoire de la dé-coïncidence

去—相合立即投入現況，不需要服從理論與實踐關係，它並非由安排好的抽象模式所建構，因此不會自認為「規則」（règles），也不可能有去—相合的「方法」（méthode）。我們只有在進行去—相合時才能想像它，而這適用於最多樣的活動。即使如此，去—相合並不會因此是「執行步驟」（recette），由於它不是來自某種操作程序，沒有去—相合的「操作指南」可讓人機械式地應用。方法和操作指南都是從外部投射到實況的做法，所以它們在某個程度上有交集。然而，假如我們對相關的情況沒有敏銳的思考能力，我們就無法啓動任何去—相合。我們只有深入該情況內在理路，並探查出正面性已枯死的部分（即使是微小的縫隙），才能從這些地方下手，使整體產生裂痕。由於相合甚至是毫不分權地全面主導著，而且在其正面性裡自我滿意，我們就不應該從正面，而是從旁、甚至運用策略性的手段攻擊該（固定不變的）相合。去—相合既不是規則，也不是執行步驟，它是一種「操作藝術」（art d'opérer），是依照拉丁文“ars operandi”的涵義，或從其「操作性」來理解這種說法。此處的「操作」可以從其二種意涵來理解：一般意涵指的是一種有生產性的協調介入，由其所帶來的結果來加以證明。另外，它在外科手術上指的是一種治療性的介入，此處它所面對的是卡住人心且致人於死的意識形態。

我們可用預科性的做法，在知識領域大範圍地分析去—相合的操作性。作為佐證的例子：歐洲曾經發生的認知轉變，我們回顧時稱它為「伽利略革命」。我們只有在分析伽利略身處的時代，於知識上和意識形態上主宰的相合狀態，才能理解何為「伽利略革命」。準確地說，這個相合狀態是雙重的。一方面是知識上的相合，當時由亞里斯多德留傳下來，建立在可感知的事物之性質上，並從此取得相符的物理學。另一方面是宗教信仰上的相合，捍衛循規蹈矩的教條，亦即地球只能是固定不變且位於宇宙中心，四周有眾星圍繞著。這兩方都堅定主張人的感官可立即做出見證，人們因而覺得那是「理所當然（不喻自明）」，但這個理所當然本身就是一種不可動搖的「順從」之開端。在如此的環境當中，伽利略如何實地操作我們後來稱之為「伽利略革命」？[1]

我們都知道該革命並非一宣告就「顛覆」當時現存的狀態，也不是透過系統性和全面性的「批判」來達成的；它之所以發生的可能性來自何處呢？它是在已穩固的相合狀態內部，透過持續的小「間距」、逐漸操作的小小移位，暗中在內部拆解該相合狀態，並促使它產生裂縫，以此使它受損。的確，當伽利略針對亞里斯多德關於物體「向其自然位置移動」（mouvement naturel）和「反其自然位置移動」（mouvement violent）的假設，局部地引入小小移位，並開始時經常借助於〔在柏克萊出版《論運動》（*De motu*）的時代〕已有的解決方式來進行深化；如此一來，最初的「裂縫」逐漸擴大成缺口，數學這把利刀便在此缺口上進行操作，直到最終從內部使整個系統崩潰而永遠過時了。最後伽利略得以在他的《論證》（*Discours*）裡說：「我們對最古老的議題提出了一種絕對的新知識。」

結論是，伽利略成功地把「重力」運動幾何化了，同時也把運動構想成自主現象，並做為理智思索的客體（對象），從此改變了我們的理解模式。伽利略一步步地與古典物理學做出「去—相合」，同時打開一種新學科的眾多可能性，後來在根本上改變我們在地球上的生存條件（生活模式）。甚至我們今日不得不努力與該生活模式進行去—相合，這是因為我們已使它的運作理路發展到對環保有極大的破壞力。

當我們從回顧走向前瞻，我們只能在每一個涉及的領域內部來構想去—相合的操作模式，所以在每一個領域裡總是先探查堵住知識和社會的相合之處。例如，我們審察當今主宰企業管理（management）的相合類型，我們一定會察覺到它最重要的字眼就是「成效、成就」（performance），近來又加上「持久性、永續性」（sustainibility），透過顧問（consulting）手冊及相關的新聞競相兜售給想要的人。這就構成了當今符合全球性市場的「相符」，人們並不質疑其中所蘊含的指鹿為馬（似是而非），最早是在生產和回收之間的似是而非。「成效、成就」就如「韌性」，本身並非一開始就是負面性的用詞，一旦人們不再質問它高舉的正面性，它就致命地變成負面性的。但最常見的是，有人從該詞

1．譯註：請參考 Pablo Jensen 的發言（收錄於《去—相合的應用》）。

的外部以「價值觀」的名義提出批判，這個批判自認為基進，又愛給人教訓，它揭發並以權威的姿態來解構「企管」這個詞彙，甚至推翻它。然而，這種批判以對峙的立場所籲求的「解放工作」，往往可能是一個幻想，因為該批判是在企管場域外部形成的，它並未擔保負什麼責任，它的企圖只停在論述上（打嘴炮），常常只是擺弄意識形態而已。這就是為何它自我豎立成我們稱之為「反相合」（contre-coïncidence），而它高聲揭發的相合都來自好意。我們必須區分這種「反相合」，並在企業管理研究內部，從該學科內在思考能力出發而進行「去—相合」：此去—相合的運作並不滿足於推翻口號，但在其所涉及的領域內部確實地操作，並與口號拉出間距，以便於該內部重新打開可能性，而使該領域再次運作起來。[2]

當代社會日趨嚴重的問題之一是「成癮」（addiction），我們可以用去—相合概念來克服這個問題，也就是拆解使人上癮的因素，即脫離黏著（dés-adhérer），亦即「去癮」（dés-addiction）。其實在這個領域裡有一種幾乎從未移動的意識形態性的相合，其建立在一系列雙項對立之上，形成系統且看似不可質疑：藥物和司法、治療和預防、（外來的）禁止和（內在的）信念、成癮和戒除的對立。人們以規範方式來對成癮分類：一方面禁止迷幻藥，另一方面則容許酒精或菸草，但是酒精和菸草所帶來的後果也有破壞性。此外還有一種相合形式，更一般性的也更古老的，因其邏輯上的相符，所以人們沒想過要質疑它，那就是：一方面是「主體（個人）」及其本身的脆弱，另一方面是藥學上的「客體」及其陷阱，而這一切受嚴謹的「因果論」系統所管理。此外，我們的語言及其語法所建立的對立，主宰著我們對成癮的看法，就是以強大的意志力作為「主動式」的頂點，與其對立的就是「被動式」。當我們仍留在強調實踐、且毫不質疑地強加於它們「理所當然」的論述的相符裡，我們要如何構想確實能「去癮」的過程？[3]

去—相合在這方面能拆除那些雙項對立情況，這些對峙強加給人其二選一，拆除它們之後就會使限制生活的夾子鬆弛了。這是為了使人們所面對的情況裡重新有戲可發展，再次打開可能性，而不是毫無察覺地承受令人窒息的限制。換句話說，邏輯上就是在互相排斥的雙方裡，首先在醫藥和毒藥之間（希臘字pharmakon表示醫藥，也表示毒藥的曖昧性）打開「之間」。或更廣泛地，從時間上來看，這是在治療過程當中重新打開容許穿

2．譯註：法國洛林大學的管理學研究室（CEREFIGE）的成員 Sybille Persson, Régis Martineau 和 Yves Habran 針對去—相合概念在管理方面的應用發起了集體反思，提出「研究去—相合性的管理」（«Pour une recherche en gestion décoïncidante»，收錄於《去—相合的應用》）。

3．譯註：Claude de Scorraille, Julien Betbèze, Jean-Pierre Couteron, Gérard Ostermann 和 LACT 主任 Grégoire Vitry，共同對「戒癮」（désaddiction）的原則及實踐發起反思。二〇二一年六月 Jean-Pierre Couteron 的發言也收錄於《去—相合的應用》。

越的「過渡性」「之間」，也就是同時讓影響流通且讓人得以「暢活」的耐心過程。這必須有個先決條件，就是去除我們用來思考的範疇，也就是使我們的思維不受「存有本體」的約束，如果我們不想受困於互相排斥的對立項（首先是「之前」與「之後」這種截然二分的對峙），不想受困於那些對立項事先封存的不可能以及毫無出路。一切就在此「之間」流通〔我們知道，「之間」並非存有本體（between is not being）〕，生活也在「之間」被提升和推動。

特別是在此「之間」裡能逐漸出現「消解」積習（«désenlisement» de l'habitus），陪同人員和醫護也能介入「之間」，協助癮者與其癮做出去—相合。此外，當我聆聽研究成癮的專家時，我更能理解人們所謂的「脫離」癮其實並沒有多少意義。原因是這樣的脫離只是事後回顧時才看到的，所以並沒前瞻性地規劃除癮的出路。因此必須先從使該便利說法及其強加於我們的意識形態（即走出「隧道」的神話）之內部產生「裂縫」。因為那種說法仍然符合目的論與拯救的古老神話，符合目的論（奇蹟或悲壯）的相符狀態，仍等待驚心動魄的大結局，而不在乎「過程」思維，從而錯過了「默化」日復一日暗中滲出的有益成果。

既然去—相合只有在實地操作時才得以評估，我們就以實例來說明它的操作模式。

我相信大家都願意承認，在技術及意識形態上的確有一種巨大的相合控制著當代城市，並使城市窒息（就本義和引申義而言）。該相合將城市想成「相應的設施」（infrastructure），以追求更多的功效和成果，因此它的首要目標就是要加快移動速度。機械化加上數位化，更突出了隨時隨地都相聯的特性。從此反而讓城市失去了其群聚的使命，尤其是喪失了過往公領域和私領域之間古老城邦的論點。它也傾向忽略人體的實在及其感官的需求，而強調沒有實體的空間。於是「慾望城市」被人們遺忘了，由於「機器城市」（ville machine）把人的生活埋葬在其功能性之下。[4]

要「推翻」上述情況，這只是幻想，避免說它是可笑的；因為我們都知道「相應的設施」本身有其必要性。然而，必須等到發生大流行病，人們被迫無法遠離城市，他們才想起城市的使命；此刻市民們再次處於毗鄰的地理位置，有人說，「我們的身體重新投入住區裡。」「禁足在家就是由政府權威引發於城市和相應設施之間的去—相合。」

4．譯註：請參考 Jacques Ferrier 在去—相合協會的「每月演講」的演講。也請參考他的論著《機器城市》（*La ville machine*, éditions de L'Herne, 2021）及他的論文〈共振建築：如何『生活於山水之間』〉（«Une architecture de la résonance ou comment "vivre de paysage"»，收錄於 *Art et concepts, chantier philosophique de François Jullien / Ateliers d'artistes*, François L'Yvonnet dir., PUF, 2020）。

我們因此得出這個教訓：只有使機器城市產生裂縫，該城市才能跳脫其組織上的相符狀態，也才能與其純功能性錯開，居民們因而得以呼吸並安居。去—相合「操作藝術」的要素的確是，在每一種情況下，人們透過使其產生裂縫而凸顯出「之間」，便能讓新的可能性在此「之間」裡發展開來。在建築和城市規劃方面，這個「之間」是具體的；因為要推動的新公共空間「是『之間』而非遼濶的幅員」。也就是說，在城市的相應設施當中打開的「之間」，讓人們有彼此相遇的機會及漫步的特殊路徑：透過這些滲透著種種氣息、瀰漫著多種氛圍的之間，重新讓市民有主動的出行空間，因而使時間性多樣化了。

機器城市的相合性因其成效而受到重視，我們確實要使其「產生裂縫」，而不是滿足於提出另一種與其相反的相合狀態。因為僅僅高調地反抗先前的相合狀態，只是某種形式的「反相合」，此反相合又轉身變成有主宰意圖的意識形態，並被建構成教條式的相符，它會毫不費力地讓人心安，但只會帶來表面的效果。一般而言，我們必須懷疑任何以斬釘截鐵的語氣所宣告的效用：它幾乎什麼都不擔保，它能兌現嗎？例如，當有人把增長的口號逆轉成「衰變」（dé-croissance）的口號時，思索「另一種」成長不是更正當嗎？[5]我們不要忽略該字的"dé-"通常指的是分離狀態或相反狀態，「dé-croissance」說的是增長的反面。然而，表示「拆除」（défaire）的「去—相合」（dé-coïncidence）則打開了一個前瞻性的間距。事實上，以對立的姿態出現，就很可能快速地變成另一種新形式的循規蹈矩之正面性，也極可能堵住有發明力的可能性。上述相合與反相合互相接替、彼此逆轉而互相回應，在它們之間，我們看到的比較是交替的過渡。

即使今後環保論述的主要命令是每一個人在自家的屋頂上種植草莓，並共享花園，這當然很受輿論讚揚；但這足夠嗎？只設定百分比和「綠色」分配額（這些數字被宣告成解放因素）很可能迴避了一份集體工作。在那些配額的掩護下，我們只能再次做出廉價又可憐兮兮的標準化相符。如此一來，造景師不再可能以敏銳的獨特方式，從地形和景觀的資源裡萃取出它們的特點。[6]因為我們只有從局勢的內在理路出發，才能產生有生產

5．譯註：請參考 Pierre Dockès 和 Marc Guillaume 在去—相合協會的「每月演講」的發言（收錄於《去—相合的應用》）。

6．譯註：請參考 Florence Mercier 在去—相合協會的「每月演講」的發言（收錄於《去—相合的應用》）以及她的論文〈園林造景〉（«La fabrique du paysage»，收錄於 *Art et concepts, chantier philosophique de François Jullien / Ateliers d'artistes*）。

實效的去—相合運作。與其相反地，我們確實只有符合評估我們的企劃案的預期性圖表（填滿「執行進度表」中所有的表格），才能滿足相合性的評估標準，也才能得標。此刻，它不讓我們稱之為「前所未聞的」（inouï）創作留下任何空間。

「前所未聞的」，不就是社會當中到處扎根的「相合」勢必要棄置的？因此，只有使該相合出現裂痕，才能讓前所未聞的事物湧現。「使前所未聞的湧現」，是我所謂「重新打開可能性」的另一種說法。我們繼續在藝術領域裡推展這個反思，例如劇場的演員，當該演員與趨向固定的相符狀態，最先是與劇本裡應當被聽見的口白（但事實上已不再聽得見了）做出去—相合時，他就能逼出該劇本「還未被聽到」的內容。戲劇導演也能協助劇本裡「還未被聽到」的內容得以湧現，因為每一場重新的演出的確都有這個志向：亦即和先前的演出做出去—相合，以便在重新上演時讓觀眾聽見過去所沒聽到的，這是每一場在實況細節裡所做的努力。[7]例如，唐璜邀請迪曼奇先生坐下，但舞台上並沒有任何座椅，這就足以使平庸的邀請馬上變得有棱有角，而吸取觀眾的注意。導演與人們所期待看到的打開了一個很微小的間距，也就使穩立於正面性裡的遊戲（此遊戲因其循規蹈矩而變得死氣沉沉）產生了裂縫，從而在戲劇裡開闢出新的可能性。

當我們都同意承認相符相合會沉溺萎縮，已穩立的事物會阻礙情況的發展，已鋪展開來的事物不再出現了，不是消失了，而是「不被看見」（dés-apparaît），我們不再看到天天在我們眼前的物體（人和東西都一樣）；我們無疑會同意去—相合這種「操作藝術」可能是唯一能補救的手法，能使「不被看見的」重新「出現」（apparaître）。此處關乎的確實不是揭發「習慣」所造成的後果，而是要承認一切「現實」都有這個現象：也就是一旦安穩成「事實」且被信以為正面性的，該現實反而失去了其發展潛能，因而不再活動了。眾多藝術形式如音樂、戲劇、素描[8]、繪畫[9]、電影[10]，不斷地揭示這個現象。一場

7・譯註：請參考 Cyril Desclés 的發言（收錄於《去—相合的應用》），以及他的論文〈現身的間距：論戲劇性的去—相合〉（«Les écarts de la partition : sur la *dé-coïncidence* de la théâtralité»，收錄於 *Art et concepts, chantier philosophique de François Jullien / Ateliers d'artistes*）。

8・譯註：請參考 Renaud Chabrier 的發言（收錄於《去—相合的應用》），以及他的論文〈致朱利安的信，論鉛筆能做到的前所未聞〉（«Lettre à François Jullien, sur l'Inouï à portée de crayon»，收錄於 *Art et concepts, chantier philosophique de François Jullien / Ateliers d'artistes*）。

9・譯註：請參考 Henri Darasse 的發言「去—相合／共鳴」（«Décoïncidence / résonance»，收錄於《去—相合的應用》），以及他的論文〈畫中的偶發〉（«L'accident pictural»，收錄於 *Art et concepts, chantier philosophique de François Jullien / Ateliers d'artistes*）。

10・譯註：請參考 Jean-Michel Frodon 的發言（收錄於《去—相合的應用》），以及他的論文〈朱利安的「前所未聞」與電影：一路做來〉（«L'inouï selon François Jullien et le cinéma, chemin faisant»，收錄於 *Art et concepts, chantier philosophique de François Jullien / Ateliers d'artistes*）。

「重新演出」（reprise）就是和我們所認識的作品做出去—相合，並運用與它所協同的間距，才讓該作品再一次被聆聽[11]。甚至選擇演出時看著樂譜，也能轉成美德（即使這會顯露出對作品的掌握不完美），這是因為與該作品保持著間距。對該作品能倒背如流，人們很可能只會使用記住的合宜方式演出，從而變成了與他自身相符的囚犯，而無法讓作品發揮作用[12]。或者，為了打斷樂曲演出時的單調，傳統的做法是加入「不對等」的元素。但是此不對等用多了，也可能毫無效果。亦即，為了從有威脅性的相合裡解放出來，並使該作品重新開向前所未聞，此刻就必須啓動另一種新的不對等，在不對等內部引入一種「不對等的不對等」。即使努力去—相合之後一旦終於被認可了，它很可能已沉溺萎縮而背叛了自己，這就是它的宿命……

11．譯註：請參考 Aurélien Dumont 發言中所舉的兩個例子：Anton Webern 對巴赫的 *Offrande musicale* 所做的改編管弦樂，以及他自己對歌手 Barbara 的 *Gauguin* 所做的改編（收錄於《去—相合的應用》），以及他的論文〈把朱利安的概念應用到音樂作曲〉（«Des applications possibles des concepts de François Jullien à la composition musicale»，收錄於 *Art et concepts, chantier philosophique de François Jullien / Ateliers d'artistes*）。

12．譯註：請參考 Stéphane Gaulier 的發言及其現場彈奏鍵琴（收錄於《去—相合的應用》）。

CHAPTER

nine

9

第九章
去—相合的命運

Destin de la dé-coïncidence

去—相合的「操作性」，至少在開始時（但也可能持續很長一段時間）不受歡迎，也不被看好；這的確是對它主要的反對聲音。更直截了當地說，去—相合「賣」不出去。它不僅賣不出去，還遭到反對。那些賣得出去且受人喜愛的，當然是相合，既然相合為人熟悉的相符狀態立即被認可，該狀態不干擾我們，因此它的正面性受人讚揚，並滿足人們的期待。甚至最受人歡迎的是「假裝做出去—相合」的相合，這是一種偽去—相合。此偽去—相合看似令人不安，由此引起人們的注意，但不會因此打擾他們。例如，人們企圖反抗「口號」和「單一思維」，但是他們沒離開口號和單一思維所圈定的框架，他們只不過展示了口號和單一思維的另一個面向，即使此面向是站在對立面（甚至因為站在對立面而更容易管理）。「我們爭論吧」、「起來反抗單一思維」這些正是最相合性的議題，因為此議題舒服地留在已安置的思維內部，僅以批判該思維而給人的幻覺來摩擦其表面。傳播媒體擅於安排此類面對面的爭論，上演「觀點辯論」，但所有的立場早已對號入座，而且不會質疑大家同意的用詞和議題，也就是說，那些立場只在展示各種對立觀點，而不是要打開「其他的」可能性。發揮作用的去—相合並非早已整合入辯論裡，而是與其保持距離，起初這樣的去—相合不會引人注意，沒有人對它感興趣，它甚至會招來拒絕。去—相合不僅賣不出去，它還會讓做出去—相合之人「付出很大代價」，因它而引起不理解、怨恨甚至懷疑，以致他的將來和生命有時陷入危險。

蘇格拉底是第一位抵抗其時代的哲學家，他因此被判喝下毒堇，從此以後成了哲學的宿命。蘇格拉底之所以被處死，是因為他是思想史上第一位偉大的去—相合者，很可能也是最極端且最徹底的去—相合者。他不像偉大的希臘前輩們以「真理大師」自居，他也不自認為有權威，但他卻不斷質問他的市民同伴有關他們所憑藉的輿論；一旦他們安排的政權穩定了，集體同化了而不受質疑，蘇格拉底只會變得不可忍耐，因而惹來一場反對他的官司。正因為根本上蘇格拉底是去—相合的，他才被判罪，而且對他的指控顯然是造假的。西元前四世紀，在抵抗斯巴達失敗及三十僭主專政（la tyrannie des Trente）之後，在雅典確實存在著一種意識形態性的相合，而且越來越鞏固，以致回到一種怕事的正統觀，首先是宗教方面，其目標在於讓受驚嚇的城民們安心。然而，蘇格拉底卻毫不懈怠地質詢雅典人，系統地以「嘲諷」進行令人不安的騷擾（他形容自己是雅典城的「虻」）。他努力使當時雅典人的意識形態性的相合產生裂縫，因為該相合已經固定成枯死的正面性而不再開向任何未來的願景。這就是為何蘇格拉底被「看衰」，隨後被處死，即使他其實是一位尊崇所有的敬拜儀式，而且是雅典勇敢爭鬥的模範市民。

就如同蘇格拉底使他同時代的雅典人之意識形態性相合產生裂縫，耶穌也曾是使以色列的宗教產生裂縫的偉大去—相合者。他並未建立另一種宗教，但是他從猶太教內部與頑固不通的法利賽主義做出去—相合，在羅馬人占據猶太時期該法利賽教條卡在其自身的繁文縟節裡。耶穌與教條式的宗教編碼做出了去—相合，這是為了使宗教重新向「生活（生命）」敞開，也就是與符合「文字」做出去—相合，以便再次向「靈性」敞開，或說與律法做出去—相合，以便重新向神的大愛敞開。耶穌就是在猶太教內部做出去—相合，才在神的選民當中推動前所未聞的可能性，神因而從一個民族的救主變成所有人的救主。這反而導致他被猶太人釘死於十字架上，而釘死他的並非羅馬政權。一旦基督教被帝國政權採納了，而被視為與政治相符，也被教會建構成教條，從而形成了覆蓋歐洲的巨大意識形態之相合，教會就再次陷入相合狀態了。這個「再次相合」反而背叛了基督的福音，因為該相合使十字架從「聳人駭聞」（戰勝死亡的復活）逆轉成被強置的順從，聖靈的話語轉成新的文字經典，愛別人的訓誡變成對社會的新壓制。這是去—相合的「宿命」：解放人們的話語最先被定罪，然後被其本身的制度化所顛覆，或說它的勝利反而是它的失去。甚至越具有去—相合的能力，因人的彌補心態而越激起「過度相合」（sur-coïncidence）。此過度相合在其自身的正面性裡固定下來，因而更殘酷地背叛去—相合。除非其內部出現新的去—相合，例如迦太基人、沃都瓦人、路德、帕斯卡、菲尼隆、玄奧派及所有的「異教者」……。意識形態的相合機械保護著自身的利益，那些新的去—相合能走得多遠？如今現況又如何呢？

在相合的狀態中，因發展形成過程被堵住了，沒有任何新的事物會成形，所以相合等於死亡。這樣的相合疑心重重且毫無包容力，並暗中扼殺一切企圖產生裂縫的因素：這些因素企圖與相合打開間距，以便帶出新的可能性。蘇格拉底和耶穌被處死的訴訟事件其實具有象徵性，這兩件事培育了歐洲人的意識。為了讓物理學開創出將來，伽利略也為他和他的時代的物理學做出去—相合，並付出代價。他們的被定罪顯示出，在任何地方、任何時期，被人們承認並慶祝的就是相合。在法國被選入學院、研究院、科學院的人都是相合者（Coïncidants）。被選為院士的不是福樓拜（Flaubert），而是馬可辛・杜康（Maxime du Camp）；福樓拜極傑出地與浪漫主義、興盛的資產階級的說教主義所留下來的誇張抒情做出去—相合，並因此付出代價，但為文學帶來一條新的道路；這條道路後來被貼上「現實主義」的標籤，反而使它再次變成相合的。在法國大學裡也是如此：相合者在生前往往備受尊榮，因為他們進入當地的知識框架裡。例如在東方學領域裡，葛蘭言（Marcel Granet, 1884-1940）懂得與中華文明傳統的說教詮釋拉開間距，並與歐洲漢學的歷史學類型保持距離，沒有人比他更去—相合了。然而，他卻因為寫了幾部重要的論著而遭到懷疑。也許，他因承受了這樣不公平的對待而變得有些「暴躁」：據說葛蘭言是氣死的，一九四〇年六月，當德國人進入巴黎，或當他得知他在巴黎高師的一位同學接受（二戰時期由德軍在巴黎扶植的）維奇政府任命的教育部長。不論如何，這兩種說法都是合理的。

十九世紀中葉，在法國相合性的繪畫回應了當時人們的期待，符合人們認可並宣傳的「藝術」受到藝術沙龍的頌揚、展出時獲獎，並受到贊助人支持、購買收藏。但也出現另一種畫作，逐漸與當下主流繪畫做出去—相合，使既定的藝術產生裂痕，並帶來了前所未聞的可能性，也就是後來繪畫（轉進相合之後）形成畫派而被稱為「印象派」。這類畫家在當時被沙龍拒絕，不得不互相來往、群聚並一起聯合展出作品，彼此分享個人的創作反思及大膽的嘗試：首屆被拒絕的藝術家在一八六三年舉辦作品聯展，這就是現代繪畫的出生證明。一旦這種去—相合啓動了，該去—相合就促使繪畫跳脫原先強調再現和相似的繪畫要求，並由一連串眾多的去—相合推動著，不可能停下來。因此，那些援引畫家的「創作天分」及其斷裂能力的說法都太膚淺（太神話式的），因為它們並未考慮操作中的去—相合是有「過程性」。塞尚、高更、梵谷確實是與既定的藝術做出去—相合的人（他們並非革命家），但他們因此遭受嘲諷而做出犧牲，甚至賠上生命。然而，後來的藝術家也必須與他們做出去—相合，就像（點派、野獸派、立體派等等）對印象派做出去—相合一樣；每一個新世代的畫家都在拆除其前人繪畫所提出的解決方案，一旦這個新世代再次達到相合狀態，便宿命地變成學院式的教條。

去—相合只能在實況裡發生，但開始時幾乎沒有任何依靠，這正是啓動去—相合的內在難處。就策略而言，去—相合只能得益於「勢」或有利的因素。因為相合狀態不會提供任何讓人可攻擊的切入點，相合對其正面性充滿信心且顯得「平滑」，它的相符已變成「理所當然」，並滲出一種令人不擔心的順從。除非我們在該相合狀態裡探查出「裂痕」，否則它會看似毫無弱點，讓人可以攻擊；因此，去—相合必須執著且大膽，不在乎受到冷淡甚至敵意，才能被認可。只有在事後人們看到去—相合所帶來的成果、打開實在的可能性，他們才接受它、認可它。這是為何去—相合總是「晚成」，去—相合者往往在死後才被認可。對於人們事後遲遲才認可去—相合，我們會質問該認可是否值得去—相合本身、是否順應去—相合大膽的理路；或者，一旦去—相合所帶來的成果被看到並被認可，是否會在去—相合之後再次形成相合狀態。這確實有讓去—相合本身不安的因素：當它變成「再次相合」（re-coïncider），其本身會變成一種口號、一個聯盟句子，而且很可能就失去自身的精神及操作特性，不是嗎？所以，去—相合唯有堅持避免變成一個代表、一個「想法」或一種使其再次變成意識形態性的世界觀，去—相合才能避免該惡運。我們也可以這麼說，只要去—相合自我保持作為思考工具的概念，亦即保持它在哲學上的要求，去—相合才能避免這種不祥的宿命。

CHAPTER

ten

第十章

去—相合與哲學

Dé-coïncidence et philosophie

一開始哲學確實在慶祝相合，即事物完美地相符，正如幾何學嚴謹概念所指稱的「最初的相合即完全貼合」。對思考而言，這種完全的接合才是令人滿意的，也是理性探索的目的。我們只要想起真理的古典定義，即「思與物相符」（拉丁文：adequatio rei et intellectus），就可明白。在古典思想裡，的確有「與其相符」的想法，譬如與「存有自身」或與神這個偉大客體相符的想法：也就是（柏拉圖的主張裡）與存有本體的結構相符，或（神學裡）與神的命令相符。或者（斯多葛學派強調的）與大自然相符：「符合自然」被當成重要的智慧名句來宣揚，該學派認為想法本身符合其所投出的目的，即「至福」；這就是斯多葛學派的相合事實。於是，古典思想的傳統被豎立成不可透視的宏大相合系統。卻有不可能與其相符的事物，那就是「生活」（la vie）。或者說，生活不與生活相符（la vie ne coïncide pas avec la vie）。因為一旦抵達相合狀態，情勢就無法再被超越了，也就停止發展了；相合固定不動了，不再有任何變動的餘地，它會堵住發展而使情況麻痺。亦即相合被填滿，不再運作了，不僅其所滲出的正面性堵住生活的展開，尤其是生活的本質就是生活不會與「自身」相符，因為生活的本質就是生活沒有「本身」，也就是沒有具有實質的「存有」「自己」。原則上生活是去—相合性的，這就是為何（也因此）它活著（elle «vit»）。

把相合當成思辨上的理想，在其上建立真理的準則，而成了「理所當然（不喻自明）」（évidence），如同哲學所做的；這不就是在碾壓生活嗎？我們也可以這麼說，即使思辨上的相合令人滿意，不也是「致命的」嗎？笛卡爾的「我思」論提出「我疑」等於「我在」，不就是最典型的相合例子？後來，胡塞爾對笛卡爾的我思論解說得很好。他說，因為「理所當然（不喻自明）」是思辨的理性和被思及的客體之間完美的複合，所以理性的使命就是相合。嚴謹的真理因而是完美且絲毫不差的相合，這樣的真理甚至是科學的基礎：思辨的理性被其所思完全填滿，兩者之間因此「複合」。但胡塞爾也問：該狀況會因此讓人意識到事物就在眼前嗎？由此出現了兩個緊緊相扣的問題：一個完全的、充滿的、「相符的」在場，還會是活潑生動的在場嗎？該相符的在場會容許生活流動嗎？至於人的意識，它的湧現「會來自相合」嗎？

人「有了」意識，不就表示人面對當下情況時拉開了間距，甚至敲破了該當下？我們也應該問，胡塞爾是否如他之前的歐洲知識論那般誤以為意識活動能力不是意識到和「悟到」（英文to realise的意思），他還埋藏了意識力就是「悟到」這個真相。或說，當我們把人的意識定義為「理性當下在場」（如黑格爾說的“das unmittelbare Dasein des Geistes”），我們不就立即錯過人的意識活動，因我們把它歸入理性權威之下而使它附屬於知識？此後哲學的確無法避免這個令人尷尬的問題：難道我們不是經由與相合性的理性邏輯脫勾，才能「意識到」？所以必須使這兩者對立起來：如果說理性的目標是相合，那麼意識就是透過去—相合來操作的。佐證：藝術確實如此進行（超現實主義使該操作系統化，反而因此陷入萎縮），精神分析治療也以其為目的；禪或俳句所提供的實例也為其做證。

沒完沒了的分析讓人感到疲憊，人們或許希望有天能確定地進入相合狀態：即進入某客體內部，「以便與此客體的獨一無二性（因此是不可表達的事物）相符」（柏格森說）。當「分析」的視角不斷地增加，為了補充總是不完全的呈現，也許有人因此希望透過「直覺」這個簡單動作來「與事物相符」，而「與事物相符」。這是形而上論會表達的合理野心。然而，透過直覺的相合不會比透過反思的相合（這是古典哲學的目標）更可能做得到。或者說，上述論證若仍顯得太抽象，讓我們來看看最熟悉的經驗：我是否能與我正在看的小說人物「相合」呢？小說家可盡興地刻畫他筆下的主人翁，他說話的語氣和神態及行為模式，「但這一切都比不上我片刻裡感到與主人翁情投意合。」（還是柏格森的話）因為此刻「該人物突然完全給了我」，我不再必須不斷以這個想法來滋養自己，卻「永遠也達不到」。「唯有與那位主人翁相合，我才享有絕對。」然而，這不正是人最主要的幻覺，而且形而上論是建立於該幻覺上？與「事物」相符——因此必須使此物靜止不動，把它隔離出來，把它卡住，使它不再越出——不就是抗拒該物的「能力動因」？（柏格森主張的「運動」不就於此自我否認？）這就「錯過了生活」，因為把生活「物化」了（物化之後才能把它隔離出來），而扼殺了體驗的經歷（tuer l'expérience de l'expérience）？

其實被高調籲求的相合只是一種思想幻覺，第一個理由其實是關乎「生活」，但被掩蓋著。我們不可自欺：我們所以為的理性相符，其實正如尼采所看到的，只是一種生存上的適應，不是嗎？在「真理的基礎是相符」這種掩蓋之下，難道不是我的生理狀況當下感到滿足、感到安穩舒適的階段，我因此從體驗裡萃取出來，而把它做成一個理性上「永恆的」真理？甚至在我體驗的最基本層次上，即就「感知」而言，在我與世界之間不可能有本義上的相合。甚至我的視覺無法擁有自己，它逃入我看到的事物裡而永遠不會自我完成。我眼前的東西總是保有一個不可見的邊，或說我只看到幾個「側面」（現象學家喜歡這麼說）；梅洛—龐蒂說：「我的身體就像我感知上的導演，戳破了我的感知與事物相符的幻覺。」在最佳情況下，與事物的每一個相符只是局部的，稍縱即逝，不是嗎？此外我們還能使用「物」（choses）這個存有本體論裡無法根除的古老用詞嗎？

對我自己而言也是如此，既然我存在於某個時段，我受到時間的拉扯，我的當下既不會固定不動，也不會孤立出來，它總是被未來和過去越出，也就是說我總是在移出「我自己」。同理，在我與他人之間不可能有相合，既然我們的體驗從來不會完全吻合，我們個人獨特的視角就不會絕對地相符；也許「我思」最終使我只「與神」相符，「神」的作用的確就在此。然而，我們在此必須看到的，不是我們經驗上的無能，而是

「把我們的體驗提升為經歷」的事物。[1]正是因為我不會和其他人相合，我才能「伸向」他們。就如同我不會和世界相合，我才能向世界「敞開」。或說，正是因為我和自己不會相合，我才因此處於生活的「張力」裡。

亦即在「我」和「世界」、「我」與「其他人」、「我」和「我自己」之間沒有固定不動的面對面，得以容許在邏輯上建立任何相合。這些元素在其內部自行越出，並且互相越出，生活因此能「活躍」。它們未順從存有本體思維的希望，而自行縮減成（固定不變的）實體，相合需憑藉存有本體的思維，才得以形成。這就是為何以存有本體論為基座而建立在相合之上，並使相合成為大寫真理所擔保的古典哲學，現代思想盡一切所能地要拋掉它，以「人世間會轉動的遊戲」（德文：Weltspiel）[2]取代了定錨於存有本體的相合。古典繪畫的合法性來自它符合自然（亦即相似），至少原則上如此；現代派畫家則

1．譯註：原文“ce qui la promeut en expérience”，根據作者的解釋，要將人的生活體驗以加分的方式提升為經歷，而不是讓那些體驗在日常裡萎縮。

2．譯註：德文Weltspiel，法文le «jeu» du monde，據作者解說，尼采用這個字來打破他那個時代通行的想法，即認為世界之運作已定於神的旨意裡。此處的「遊戲」表達萬物之運動不是既定的，人的參與會帶來成果，好比人們玩遊戲時的參與。

拆除了甚至粗暴地打破了為人們認可的相合：現代派畫家使其作品中的形象脫離該相合（即相似），是為了避免「不見」（désapparaître）這個後果（存有本身就受困於此「不見」），並促使人的意識看到該形象。換句話說，必須揭發在場的幻覺（l'illusion d'une présence），此幻覺以為人們可以圈劃出該在場並保有它，而且形而上學過去就憑它而立。去—相合把相合趕下寶座，但是它並非其他概念當中的一個，而是與思想和行為的整棟傳統建築保持距離，它用另一種機制取代了真理機制，原則上就能證明它的「操作藝術」所含的創新力道。

此外，我們可用去—相合概念來分辨思想史裡的兩個年代：第一是我們所謂的「古典」時期，人們在這時期安置了一個重大的客體或說參照（存有本體—神—自然），人的思辨必須與其相符；第二是「現代」，這時期相合的客體已被拆除，人的思考（以及繪畫）被解放之後就被迫出去探險：從此以後它們的發展只來自內在需求、間距和張力、側影和視角、反射和錯位，它們只用產生的效果來自我合理化，沒有任何其他的外來目的成為它們要符合的對象（標準）。除了上述歷史發展之外，去—相合概念也質疑哲學面對自身及其更新的能力。哲學在每個時代有多少能力可以脫離其本身已安排的相符？也就是說，哲學與自己做出去—相合，為了「以不同的方式來思考」（這是哲學向來給自己的目標），而不是以教條在思考的相合裡自閉。在多大程度上，哲學能確實地和已經提出的議題、固定下來的對立項、沉溺萎縮的交替，也就是和思維事先的期待打開間距呢？所有的觀念化之前的、被質問過之前的內容，早就高牆四築地圍著哲學了。哲學的「返祖現象」正好和它的志向相反，該現象繼續使哲學擺在思想裡有明確座標之處，留在它探索問題的場域內部，它因此對自己有爭議的事感到自滿而變得貧瘠了。然而，與此同時，我們不可能在「完全空白的頁面」（page blanche）上開始思索。

我們都知道，二十世紀末的思潮極力籲求走出存有本體的語言脈絡、終結存有本體論的掌控，並與西方邏格斯中心論斷絕關係。然而，我們如何確實地「走出」我們的思維？這可能嗎？更準確地說，必須事先拆解該思維並使它失衡，亦即在上游與它拉開間距，透過小小的移動來和它錯開，也就是逃脫它的理路、脫離它的黏著，即與其做出去—相合，才能開始重新「以不同的方式思索」，不是嗎？以我個人為例，我的學術研究歷程始於古希臘文，我繞道中華語言和思想，這當然不是（有必要重複說嗎？）出於對希臘文的厭倦（反而是更喜歡它），也不是因為受到某個（異國情調）他方的誘惑，或對中國的熱愛（我在此點上不同於眾多漢學家），而是出於「去—相合性的策略」：為了使出名的「希臘遺產」（如黑格爾說的：哲學「是希臘的」）產生裂縫，並試圖解開它。從中國這個他方返回到哲學最內層，回到它隱而不言及其「未思」裡，這就是企圖暗中從遠處、從旁側擊地在思考裡「重新打開可能性」。在當時，這樣的思想工地很可能很難在哲學裡受到認可，因為它看似「非典型的」，所以是邊緣的，位於合法的邊界。人們在該思想工地上無法立即找到重要的領域分布、重大的立場和議題，而「哲學性的」卻都印上那些戳章。我們知道，在宿命上，去—相合不得不有耐心，才能形成氣候，即使不被接納，但至少相當程度地被包容。

當人們想開闢某個未來時，常會說面臨「轉折點」或「岔路」。思想或歷史中的岔路，在面對當今的緊急狀態時，這個概念尤其被人接受〔圍繞著貝爾納．史蒂格勒（Bernard Stiegler, 1952-2020）〕：亦即從一個方向進入世界，努力從另一個方向走出死胡同。但是這個概念不也留在外部，仍掩蓋「方向轉變」之所以可能出現的條件，不是嗎？因為在上游必須啓動什麼，「間距」才能開始脫離已投入的方向以及那些自證為正面的相符（此相符製造了它得以「適應」的理路）？不管自己如何不願意，也許在還未察覺之下，至少我們不想再次掉入我們已脫離的道路。因為只有事先敲破並拆除插滿路標的相合，才能真正「逐漸地」開啓另一種選項。人們也可能援引「斷裂」，使用敲破而強加自己給眾人的一種「擊穿」手段。然而，在此必須說明，那是從情況內部做出的，由此可能產生斷裂而導致瓦解，以至於該斷裂不會賦予自己不切實的因果關係，或人為地強迫斷開。「斷裂」、「岔開」終究是戲劇性的。如果我們想越過創造與毀滅、革命與復辟這類古老對立項，不想再無力地說著「創新」（Innovation），那就應當以去—相合來進行思考，去—相合能重新打開可能性，更實在地「重新變得可能」（re-possibilisation）。

CHAPTER

eleven

第十一章
革命，創新或重新變得可能

Révolution, innovation ou re-possibilisation

當我們面對在枯死的正面性裡固定下來、並堵住局勢發展的現狀時，普遍會以「顛覆、推翻」該現狀來作為解決辦法。現代哲學提出「顛覆柏拉圖主義」，尼采早就主張「顛覆所有的價值觀」（Umwertung aller Werte）。表現在政治方面就是「革命」。然而，革命這個形象不也在歷史中仍持有一些奇蹟成分？或說作為理想的革命形象，從「天上降在地上人間」（«Ciel descendu sur terre»）[1]此一相當吸引我們的事件中滋養了何種幻覺？因為在所謂的反轉之下，顛覆（推翻）總有可能使我們留在同樣的格局裡，只是前後上下顛倒而已，事實上我們仍受困於該格局裡。顛覆形而上論本身就可能被另一種形而上論所取代（例如尼采以能量意志取代了古典形而上論）。我們在歷史當中看到，推翻一位國王的過程並非逐漸發展而成，它所帶來的後果肯定是回到一種更強悍的政權：這是由於人們不會因推翻某個政權而從該政權裡解放出來。的確，只要未進行足夠的去—相合操作，只要未與先前的執政秩序拉開間距，並確實地脫離它，那麼每一次的革命只會召喚隨之而來的復辟，而且斷裂越大，其所引起的反動就更強烈。「推翻、顛覆」是壯觀的，頗能引發人們的想像，其壯烈的姿態極為誘人；然而，它的實際效果有多大呢？至於「去—

1．譯註：作者解釋，此句引自黑格爾年輕時說過的話。在法國大革命初期（一七八九—一七九〇），即使當時的歐洲王室都反對人民革命，年輕的黑格爾則看到先前由神所代表的理想，此刻從天上降落到人間，因為民眾可以自己組建政治運作制度，等等。

相合」，它含蓄，甚至起步時幾乎不被注意；它不引人注意，但是一發出就有「操作力」，每一步都能打開新的內容；而且它在向前大躍進之後不會往後退。

「抗爭」（Révolte）是自然且直接的反抗起義，它的直接表述讓人感受到其真誠。革命是理論的實踐，抗爭不同於革命，後者滿足於回應眼前的需求，這些需求很緊迫，而且沒有商討的餘地，抗爭在面對不可忍的事情時說「不」，揭發某種不公義。當抗爭之舉是合理時，當它不是演出或被迫的，抗爭便展現出受壓者的尊嚴。然而，正因為如此，抗爭無法在政治上被建構：它在發起的最初目的之外沒有其他目的，它也不是以原則來建立的，所以它無法被建構成一種政治模式。還有，即使它激起了強烈的震動，卻很難打開某個將來，因為它零星散落。它注定是稍縱即逝，或很快就被回收而作為他用。此外，抗爭的姿態基本上是「反對」，就是手指著某方，說出拒絕。抗爭的對象是壓迫，它指責某個權威，因此它緊盯著自己起身反抗的對象。然而，今天我們還有能擺放路障而讓人去反抗的東西，讓人視為敵人的對象嗎？換句話說，抗爭還有切入點嗎？

去－相合來自完全不同於顛覆的視野，顛覆無法從更本原的折疊裡清理出原因；去－相合也不同於抗爭的視野，抗爭一定要有其反抗的標的。去－相合拉開一個「間距」，實實在在地脫離現況，逃離並開闢另一個他方。它「促使產生裂縫」，穿透局部而使整體變得脆弱。此外，去—相合也與堵住局勢發展的事物保持距離，因而破壞了後者的緊密性。間距和裂縫相互支持及互助：促使產生裂縫，就打開了間距；拉開間距，就能回過頭注視與其保持距離的面對面，並使其產生裂縫。如此做，去—相合就在被卡住的情況裡「重新打開可能性」，或者使「重新變得可能」（Re-possibiliser）。「重新變得可能」不再是顛覆或抗爭，它不要求模式化（我們都知道，在全球化的世界範圍之內，模式化是極其困難的），也不再視敵方的狀況而定（我們無法指出誰是敵方），而是「讓局勢再次變得可能」，使尚未開採的資源再次顯露出來。或說，與一種會使人癱瘓的正面性做出去—相合，該狀況因此再次充滿潛能，也就是充滿能量，由此流露出尚未聽過的「可能性」。只要深入經驗，這些可能性都有可能成真。活著就是每一刻都透過與已活過且萎縮的做出去—相合，從而使人的生活重新變得充滿可能。或說，當我與我已活過的做出去—相合時，我「因此立即」使我的生活重新變得有其他可能性。因為使我的生活重新變得可能，並非空穴來風，只會來自我和我的生活裡已固定、已飽滿但不再運作的相符。當我們不再使自己重新有可能性時，我們就死了。

「因此立即」表示不再有兩段接替的時段，如革命所要求的，即先破壞，「然後」重建，先做出負面的行動，「隨後」做出正面的行動。革命可能轉變成恐怖，但去—相合不會「轉為失敗」，它只會發展得遠或不太遠：既然去—相合的目的只在「重新變得可能」，它「不會變成負面性的」。也就是說，只要我們做出去—相合，可能性就敞開了：只要我與既成的藝術做出去—相合，我就使藝術的現狀有了其他的新可能性。也就是說，拆除了已建立的相合，我就脫離它，並為藝術開出一種將來。我們由此理解為何去—相合不破壞，但不因此是一種軟形的顛覆，而是與顛覆毫無關係。特別是政治方面，去—相合不同於暴烈的革命，但不因此是「改革論」，按照古老的「革命與改革」二選一，歷史進步論很久以來就是根據該二選一的邏輯來論述的。去—相合避免了進退兩難的狀況，它不自限於暴力與「溫和」、突然和漸進、基進與緩和之間，或在全面徹底和包容之間擺放游標，這是因為它不從正面去攻擊局勢，而是隨著時日一步步確實地從它所脫離的事物解放出來。

有一個在各個方面被提出來的重要議題，並且變成非常相合性的，那就是「創新」（Innovation）：面對當今的困難，創新「引入新的東西」，足以快速地引領我們進入將來。即使如此，我們仍須知道創新的新開端有什麼值得信任的。我們期待創新帶來新的一天，在此我們再一次消費了創世神話，但未考慮創新之前所必須做的事，譬如開啓間距、投入含蓄的抗議過程，創新才可能產生。因為沒有事先對一種無人擔心的自我滿意的狀況做出去—相合（該狀況變成堵塞，而最終越不過它的界限），我們可能做出即使微不足道的「創新」嗎？舉伽利略的例子，他起步時一步步慢慢地使他的時代的物理學相合性的框架產生了裂痕（愛因斯坦面對古典物理學的做法也是如此），人們事後稱之為知識論的「革命」，這結果只能用「脫離適應」（ex-aption）來說明，即挺立於太容易就適應的相符，因而自滿於適應的狀況之外。否則此新的內容就缺乏可能發生的條件，那只會是烏托邦或幻想的新東西。在烏托邦裡，顛覆是唾手可得的，革命是可以模擬的，人們可以隨意畫出他們所想像的可能願景，但是這樣的創新卻沒有「處所」（«lieu», *topos*），只留在空中。

歷史，如果不是通史，至少思想史裡，不也發生過之前與之後的截然二分的斷裂？我們最終不能夢想一個「新的」想法，一個絕對嶄新的想法？如果說人的思想裡曾經有過重要的開端，那肯定是「我思」（cogito），笛卡爾在其「我疑—我在」（je doute - je suis）的相符裡構想「我思」。此後，人們不再從世界、眾神或大寫的人，而是從「我懷疑我存在的我」出發進行思考。於是我主體湧現在自己面前，被建成思考的原則和重要起點，既是主體最初可能有的意識，也是主體真理確定的標準。然而，當我們問「我思」來自何處，如果它是「創新」，我們不能滿足於為這個創新找到一個在它之前的事物，好比奧古斯丁的「前我知」（le pré-cogito d'Augustin，不論笛卡爾是否知道它），奧古斯丁說：「如果某人懷疑，這是因為他活著（si dubitat, vivit）。」笛卡爾可以對一切質疑，但他無法懷疑他正在思考。我們確實在笛卡爾的《第二沉思錄》裡讀到創新，或說「我思」的革命來自什麼樣的去—相合運作。「我是誰？」人們所期待的古典回答，相合性的且看似理所當然的回答是，我是一個「人」。隨後牽扯出一堆沒完沒了的問題：「人是什麼？」（要是我回答：「人是一個理性的動物。」「動物是什麼？」「理性的」又是什麼？等等）。然而，笛卡爾漂亮地遠離對「人」的所有定義，熟練地與古典路線做出去—相合：他用「我思」來回答，就立刻讓思想看到一個明確無誤的我—主體（moi-sujet）。從此以後，一個新的可能性在思想領域裡越來越清晰，人們不斷地籲求它，同時再次與其保持距離，以便重新振作「我思」所凸顯的主體思維（譬如胡塞爾、梅洛—龐蒂）。所以，思想史上確實出現了「新的想法」，但這些想法是透過「去—相合」而產生的。

人們常說「錯開一步」（faire un pas de côté），為了跳脫規範而得以從局限裡解放出來（或說「離開舒適區」）。在某種程度上，這些說法都指出間距含蓄且關鍵的重要性，但未說明該間距之所以可能的緣由，也沒說明它會帶來什麼結果。去—相合概念則指明了間距的出發點（即去—相合所要拆除的對象是已適應了的相符），也指出了它如此操作之後會產生的可能性。是故，在去—相合運作當中，我們感知間距湧現的來源，也看到間距的生產力：間距不設想或援引斷裂，它是順應新事物的起承轉合的「過程性」。此外，人們也樂於從主觀的道德觀點來讚揚不從眾（non-conformisme），沒完沒了地頌揚「不守紀律」、「不尊敬」或「叛逆者」：因為他們以為不守紀律就是跳脫被編碼的群聚，不尊敬就是挑戰權威。然而，我們能只在乎這些表象嗎？甚至把戴高樂（De Gaulle）描繪成偉大的「叛逆者」，聚焦在他抵抗的能力，卻未說明他從面對他的時代逆來順受「慕尼黑的」相合做出的去—相合當中所取得的力量。壓縮成心理甚至逸聞，但沒考慮戴高樂在抵抗過程中所付出的，這麼做肯定錯過了他的投入當中強大的法寶。

CHAPTER twelve

第十二章 怎樣的投入？

Quel engagement ?

如果說「投入」(s'engager)於社會和政治,表示我們在現況當中為一個理由表態,而在角力關係中選邊站;但我們能「一開始」就表態而投入嗎?或者說,我們是否掉入上文中所討論的「創新」觀當中?當然,我們想要在現實裡面對不可忍的事情時能更早地介入,而不延遲行動:房子「著火了」(譯按:法國前總統席拉克的話,指出情況很緊急)。不過,如果我們不希望我們的投入只是出於反射動作或受輿論影響,那麼我們不該好好地構想如何投入嗎?如此做既能使此投入顯得合理,又能鞏固它。不然,投入可能只是在滿足人的良心(「良心安好」)?或者只是宣傳效果,甚至是「擺姿態」,而非個人真正相信的立場,亦即有私心的策略性目標?那麼在投入之前促使人們投入的因素會是什麼呢?那不可能是模式化的理論(這理論正是當今讓人不想投入的原因),模式化理論的論述總使我們遠離行動。我認為,只有透過去—相合的投入,才能使人重新為他所堅信的理由投入。或說,那甚至不關乎投入的「之前」,我們必須再次糾正我們用「之前」與「之後」的習慣說法:因為去—相合針對當前局勢拉開間距,因此能脫離已陷入無所作為的狀況,去—相合「一啓動即發揮作用」。否則投入仍是脆弱的,甚至很容易就翻轉或勉強為之。

有人會反駁,如果未立即表示「反對」,就等於「默許」,也就是說,如此一來便推遲選邊站,延後行動。這麼做就是在延緩行動、避免亮出投入的刀刃,但事實上,今天的情況很「緊急」。我必須指出，經由去—相合而做出的投入，絲毫不削弱個人立場，或閃躲；正好相反的，唯有這樣的投入才會「漸進地」使去—相合確實地發揮作用。或說，當我們猶豫是否相信一場社會和政治上的投入能出於某個概念（譬如去—相合概念），那麼我們必須問，構成投入的「根本性」是什麼？（促使人投入的最根本原因是什麼？）我們要特別質疑上文中所說的「反相合」（contre-coïncidence）或逆轉的相合（coïncidence par inversion）這類虛假的根本性（或說基進性）。因為一開始未經過去—相合的途徑就「反」，立即站在反對立場，這種做法反而會強迫人去彌補該「反對」立場（不管此立場有多喧囂）做得不夠的部分，因此可能變得自鳴得意而難以掩蓋該立場，這是不負責任的。

其實我們要避免混淆「過度」（outrance，誇張的姿態）和「根本性」（radicalité，這是一個強烈的字，是我們從來無法到達的狀態）。尤其是當今普遍流行的意識形態性相合是新自由主義（néolibéralisme），我們更應當質疑系統性的反對立場，因其可能轉進相合裡，該立場一旦安穩於自身的相符裡（此相符固定了，而且自我感覺良好），反而因此喪失了其認真而變得膚淺。正如“radicalité”這個字所表示的，只有回溯到根本，才會有根本性（亦即從根本上著手）。當一種不服從的立場並非來自去—相合的操作——其操作手法是以不服從來使意識形態性「順從」產生裂縫——那麼此不服從的立場很可能只是臨時而為或帶著自我犧牲的意味，因而很快就被遮蔽或消除。此不服從的立場也可能轉成「不服從」（insoumission）此膚淺話題，一旦 insoumission 這個字並非出於抗爭而發出的直接自然表達，就會變成一種自我醜化的原則性反對立場；由於它系統性地反對他者，其未來只在裝模做樣，不斷抬高代價和譁眾取寵。具野心也只是不惜一切代價要強加自己給別人。

目前還有一個可全面性地威脅萬物的概念，即「異化」；在此我們重拾馬克思的異化概念，但要重新展開它。馬克思的異化概念主張，人作為主體的獨特性被弄得不再是自己，也就是不再是有自主性的主體，我們的生活也由此變成「物、東西」，即「物化」並失去人性。的確，以「真生活」的嚴格要求而言，活著的條件是，絕不能任由自己被世界改變成不是自己，因而失去主體的能力；如此才能自我提升為「暢活存在」的主體，也就是自我「挺立於和自己並和世界相合之外」，如此我們的生活才可能活潑。如果說我們必須重新利用「異化」概念，這當然不是因為資本主義所帶來的異化已經消逝了，容我這麼說，是如今該異化的表現形式更多樣而複雜了。使人異化的形式有：全球化的市場、全面性的強制相連、無所不在的科技、所有使人關閉在一個越來越受資訊累積管理的工具運裡，此後人也被關在單一的語言表達裡，受到廣告功能和大數據運算框架的束縛。這個平台和編碼的功能化講究成效的世界，我們只有承受，卻不得其門而入。我們不想重複反抗技術的舊有控訴，而電腦屏幕確實也阻礙我們進入（活生生的）生活。但這種無孔不入、使人異化的大能從此不再以負面的、侵略性的暴力的面貌呈現，而是「柔和地」出現在我們的日常生活裡。它不再像是要使我們遠離我們自己，而是像一種理智化和利益最大化的呈現。它不再顯示為限制，而是被視為便利。然而，這種便利起先把人異化，隨後使人偏離軌道。

過去使人異化的大能叫作「資本」或「老闆」；它公開操作，於是人們能面對它而做出反擊。然而，當今的異化大能不再可被隔離出來，也無法被識別。它屬於環境條件和網絡（有影響力的網絡和「柔性力量」）。它不再由某個人或某種功能來擔保，讓我們可以直接反抗它們。它無所不在，到處襲人。它沒有面貌，總之，不再有面龐，也無法被當作目標，因此我們無法指認它。資本主義從工業過渡到金融，再過渡到數位，它自己反而越來越含蓄，因此不管我們是否願意，我們參與了自己的異化過程（我有隨身手機，可隨時隨地「連線」）：正因為我們暗中同意（默許），使人異化的大能便倍增了，我們就是它的同謀。由於這種異化大能無法被隔離出來，也無法被當作標的，它就無法被指出，也無法被處理。人們因為無法指出原因、施事者和負責方，而更加被異化，沒有本義上的敵方可讓人轉身反抗它。對於沒有面貌的事物，我們該「如何面對」呢？

我們面對沒有面貌的異化時，如何挺身「投入」？這種散播的無名之異化也促使我們重新審思投入。如果說我們沒有推翻異化的力量，也沒有人聽得見對異化的告發；如果說我們既無法處理它，也不能指出它，這是因為我們對當代這種氛圍式的異化沒有任何切入點；只有局部地「使之產生裂縫」，才會帶給我們切入點。例如，與其任由我們被關在無限的虛擬網路溝通所產生的「似在不在」（présence diluée），我們關掉手機，因而能實實在在地在場（effectivement présent）。於是，我們打斷了近在身邊、毫無面貌的便利功能性，即使這個方便的功能性被認為絕對不可錯過。促使產生裂縫不只是拒絕，它在整個網絡裡也引進了一個即使很小的破口。這麼做就是選擇在一個自以為完全正面而填滿的世界裡安置缺失、重置錯過（凡是我們沒收到的）。該裂痕不管有多微小，就已戳破了被強置的連線及其安排的資訊流。因此，它質疑那在我們未察覺下把我們關閉的龐大意識形態性相合，它拉開了一個間距和間隔。「促使產生裂縫」觸及了相合的理路和膠著，使相合因內部解散而被拆除；所以，我們只有透過去—相合的操作，才能脫離異化的狀況，也才能破除該異化。

當人們對概念「能」做什麼並懷疑時，當人們一聽到概念就立刻以為它是「抽象的」，他們因而看不到「切入點」；這表示他們還未理解去—相合並非來自模式化和應用的關係，也不落入「理論上很美好」但「現實當中無法應用」的傳統批判；這表示人們尚未想像去—相合概念可以是用來戰鬥的武器和工具。與其把概念和具體應用對峙起來，不如明白概念本身就有操作性。就如有「根本」概念（康德的概念範疇表）或有「基礎」概念（胡賽爾、佛洛伊德），也有「戰鬥性概念」（我們稱之為“Kampf-begriffe”），例如去─相合概念，由此造成哲學一開始就有政治使命。胡塞爾說：必須「把現代哲學想成為人的意義而做出的戰鬥」（德文原句“als Kampf um den Sinn des Menschen”），在今天這句話更為真實。（更準確的理解是，「唯一真實的戰鬥，在我們的時代裡唯一有意義的戰鬥，是在早已崩潰的人性和仍然站立的人性之間的戰鬥，但最終目的是要維護仍站立的人性並取得新的人性。」）在這種「戰鬥性的概念」之下，哲學和政治就不再只是疊置，如我們在上一代的「知識份子」身上所看到的：亦即一方面是我身為哲學家的工作，另一方面是我身為某黨派成員的投入；兩者是分開的。因為去─相合概念本身就「投入」，甚至由己發出一種能力，加上概念的普世性，該能力可以被無限地分享。

原則上，一個概念之下會有一個共享的邏輯，人們得以平等地分享它，這就是為何它也可以是政治性的。我們當中很可能有不少人抗拒那威脅人們的異化，但是我們的人數還不夠多。由此產生了「聯合」的想法。多條裂痕會自行串聯，之後它們從一個場域到另一個場域使相合性的事物破損的力量更加強了，它們會相互接力合作；此刻它們「致使石洞崩塌」（索忍尼辛的話）。此後多個去─相合操作相互回應、彼此打招呼，一個接一個實地相互連結和交棒，彼此呼叫和支持。如我們所做的，把一個協會命名為

「去—相合」（Dé-coïncidences），的確是弔詭之舉；其獨一無二的「投入」方式反而正是該弔詭的力量所在。它所聯繫的不再是個人利益，而是種種去—相合操作。所以不必假設其中有意見共同體，不必建立口號，也不必呼求或宣講；因為我們不再高舉旗幟就能聯結。在去—相合概念所打開的眾多間距當中，還有一個讓人聽見「協會」（association）的新意涵：不是因為觀點或信仰一致，而是出於間距和裂縫而聯合。思考可以透過這些間距和裂縫而重新流動（並互動）起來。

在一個「精神」生活（昔日人們還這麼說，但今天沒人敢說了）很可能消逝的時代，它被螢幕上枯燥無味的「節目」取代了；不得不思考什麼會是社會上精神「投入」的處所（不是具象化）。「精神」不再按照形而上學裡已過時的二元對立觀，而是確實有操作力，也就是說，就如裂縫任由穿越，而讓「掏空」滲透到塞滿世界的結實裡。今天我們看到，在全球機械普遍相連的相合性市場所織成的密實裡，「精神」消逝了。因為我們都知道，賣得好的是相合（反相合也賣得很不錯），由於世界消費著相合，這個現象製造了「世界」。但是去—相合賣不出去，首先因為它無法被消費；或說它甚至是世上唯一不被消費的。在任何東西都可作為商品買賣的時代，去—相合進不了任何市場。但它確實能重新打開那些不能被事先購買、不能被計算也不能「被先發制人」的「可能性」；它們因此才是「真正的可能性」。

NOTE

關於差異和去—相合的註解

Note sur différence et dé-coïncidence

一九六〇年代左右，尤其在法國，出現的「差異」概念（différence），在二十世紀末曾經是最重要的哲學概念。差異這個字被索緒爾（Saussure, 1857-1913）的語言學理論用來界定辨識語言符號，於是差異概念使「存有本體」的核心產生了「裂縫」，而暗中從旁引入一種與存有本體論去—相合的操作。語言符號本身只有在語言的對立網絡當中，透過與其他符號的差異，才有價值。在這個語言理論裡，存有本體的基座被拆除了，建立在同和一（du Même et de l'Un）的同一本體性機制上的形而上學也因此被推翻了。此後，德勒茲（Deleuze, 1925-1995）的《差異與重複》（*Différence et répétition*）與德希達（Derrida, 1930-2004）所推出的「延異」（différance）概念都賦予「差異」極大的重要性。傅柯（Foucault, 1926-1984）在《詞與物》（*Mots et les choses*）裡認為，人文科學不可避免地被壓成把人當作「同」的形象來處理，[1]一些「反科學」（contre-sciences）則被視為唯一被拉回到差異遊戲的無意識論述打開了一種「純語言理論」。如傅柯在《知識的考掘》（*L'archéologie du savoir*）書末所說的，那是關乎拓展一種人們無法重新拉回到獨一的差異系統的散射（dispersion），此散射也不能被帶回到（時空）絕對參考軸。「考掘家」傅柯的論述目標是要「製造」差異，並把它們建構成（研究）客體（對象），但絕不會讓它們再次被導入任

1．譯註：此句重點是，歐洲古典思想向來主張人的絕對性定義等於人的本質，此本質永久不變，不會因時代之不同或因文化之差別而有所改變。傅柯反對這種「人總是同」的主張。

何可能整合它們的目的論裡。

在這篇「註解」裡，我並不想重新質疑「差異」這個曾經撼動思想和知識根基的強大創新概念，我只想以最簡短的方式探察差異概念能在多大的程度上推翻形而上學（或說我們能否用「推翻」這個動作來脫離形而上學）；我還想問差異概念的政治效能，即相較於其他的經驗場域，我們如何在差異概念裡建構政治理念（le politique），它能打開什麼視野，以及它能帶來何種投入。由此我們肯定會問去—相合與差異之間的關係如何；既然我們看到，我們過於膚淺且惡意地稱之「六八思維」（pensée 68）在差異哲學裡大大發酵，那麼在面對當今的世界及意識形態的新局勢之現狀時，該現象是否還存在？

使我與變成上一代哲學家重要相合的差異概念做出去—相合的原因是，我不得不從我在中華與歐洲之間所開闢的思想工地出發來思考文化多元性。在多種文化的關係當中，意識形態性的相合確實是從「差異」的角度來看待「多元」（divers）。然而，不管我們是否願意，即使差異概念多次被重新應用，但「差異」仍然與認為其底下存有某種同一存有本體性的想法配對，該同一存有本體性就因「差異」而被彰顯。一九六〇年代眾多解放運動都是以「捍衛差異」為名義發起的；這是對於被多位哲人重新加以思考的差異概念所做的扭曲變異？還是此概念本身就非其所願地帶有逆轉進身分認同的宿命裡？

無論如何，如果說差異概念可以是用來走出同一存有本體性的邏輯思考工具，但該操作在社會和政治場域裡卻難以為繼。換句話說，差異概念斷成兩半，甚至反而在知識論上的用途和在政治上的一般用途暗中相互對峙。若不探查這種內部矛盾，它的用途就變得可疑。

的確，如果「每一個人」、每一個東西或每一個實體——如德勒茲明顯地要從存有本體論裡解放出來而說的——只是「眾多差異當中的一個差異」（une différence entre des différences），那麼在政治上如何解說這「每一個」（chacun）？「每一個」不可避免地用「存有」（être）來建構嗎？在（並非不食人間煙火）社會方面，語言裡非但用差異來界定個人身分，差異還使個人身分孤立。當我們用差異來區分兩者，一旦我們把其中一個分辨出來，我們便把另一個擱置一旁，只保留第一個的特性，以便得出其定義來做為知識分類。容我這麼說，差異對另一個「棄之不顧」。眾多文化之間也是如此，亦即以差異（或相似）來比較那些文化（可是文化的不同特殊性不可能像我們在自閉的語言功能當中所看到的），我們把它們關進我們所以為的同一存有本體性裡，使它們孤立於自身的文化圈裡。如此做所帶來的後果不可避免地肯定是文化之間的「衝撞」，由於這些文化被改變成堅硬的實體，隨其「差異」而相互對峙，因此阻礙了彼此之間的「間談（對話）」[2]，它們也被用來支撐民族主義。在今天，我們對此現象看得很清楚。

這是為何我提出不同於「差異」的「間距」（écart）概念，並在這兩個概念之間拉開一個「間距」。之前的哲學確實一般把「間距」和「差異」視為同義詞（例如梅洛—龐蒂說：「找出它們的間距或它們的差異」）。多年來我的研究工作就是要驅除並分裂那些被集體同化而不再被反思的（「相合性的」）同義詞，這些同義詞堵塞了人們的思辨，也遮蔽了人們的經驗。首先，簡單地說，差異「標出」一個區分，而間距「拉開」一段距離。間距這麼做就不會整理歸類（ne *range* pas），這是差異所為，所以差異概念是分類的合法合理工具。間距概念反而「打擾歸類」（dé-range）。（語言表達上、行為舉止上……）「做出偏離」（Faire un écart）指的是脫離人們所期待、符合以及約定俗成的，開始與其做出「去—相合」。此刻要問的是，能偏離到多遠？所以間距概念是有探索性的。文化之間如此，語言之間也是如此。在我治學的第一階段，我試圖在中國語言—思想和歐洲語言—思想之間探索它們的間距能發展到「什麼地步」，以便重新打開思想的可能場域（但有人卻把我的努力誤說成「文化本位主義」，很可能是因為我所採用的「去—相合」做法對漢學來說過於強烈，以至於它無法被漢學家理解，甚至不能被他們接納）。這一切的努力只試圖使我們哲學上的相合產生裂痕，這些相合自以為它們的推理放諸四海皆準，但其實是種族中心論的；我還試圖由此打擾我們的思想傳統，為了使它脫離其所涵蓋的類別，並使它再次不安起來。

此外，如果說差異一旦形構出兩方之間的不同之後就「對另一方棄之不顧」，那麼間距的本性則是在拉開距離之後保留「對方面對面」，所以與己方維持張力。（或說，如果另一方不被保留在面對面，那就沒有「間距」了，兩方會再次落入一般性的距離裡。）隨後間距就凸顯出兩者的「之間」，這是一個因該間距而有張力的「之間」。我便如此探索文化之間的間距，而不用相似或差異來「比較它們」，也不把它們對立起來；我做完全不一樣的事，就是我建構讓它們相互反映且各自反思的面對面（des vis-à-vis réflexifs），在此每一種文化自我發現，並透過對方來自我反思，直到探測其本身的「未思」（impensé）。間距因此是絕對操作性的，不會任由任何一方掉轉進同一性裡；間距概念反對任何促使文化本位化的運作，亦即使文化變得貧瘠的硬化運作，文化本位主義正是建立在該運作上。還有，在「間距」於眾文化之間所打開的「之間」裡，就高舉著一種實在的「共通、共享」（*un commun effectif*）；此共通並非貧瘠的同化，而是因受到間距的張力推動而緊湊，並且有生產力。配偶（包括同性配偶）的共享便是如此（他們的慾望由此而來），家庭內部的

■

2．譯註：作者在多部論著裡都強調，“dia-logue”表示有間距的面對面（dia）交流雙方的論點（logos），而且這需要經歷一段過程（dia）。他認為通行的中文用詞「對話」無法精準表達該字的本義。

共享也是如此（世代的間距、父母和孩子之間在語言和文化上的間距，等等），城邦內部的共享也是（不同年齡、職業、階級、生活水準、意見、經驗，等等）。我也從間距所打開的「之間」（不是「存有」）出發來思考「文化間談」（le «dia-logue des cultures»）：“dia”表示間距及發展過程（一場間談不會瞬間完成的），“logos”表示被推動成「共通」可理解的內容。

「間距」及其所凸顯的「之間」，以及該「之間」的張力裡所推動的「共通、共享」，都與存有本體思維錯開來，它們本身都是操作性的概念。「去—相合」概念就是從它們三者出發而建構的，去—相合既接下它們的棒子，又回過頭來闡明其之所以可能生成的條件。德勒茲強力地把「差異」放在同一存有本體性（identité）的「最初的」位置，從而倒轉同與異的傳統關係；我倒是質疑那麼做是否足以撼動存有本體論，包括撼動文化現象，以消除掉建立存有本體論的形而上學背景，而構想一種「共享的」政治（un *commun* politique）。的確，如果必須到處環視「差異的深度」，即使那是「自由的、野生的，而非被馴化的差異」；如果必須「更深入底部」地思索「本義上既是分辨性的，又是本原性的，並穿越了界限和對立之簡化」的一種空間和時間，就像德勒茲所做的，他極力地使尼采的「肯定」論點對抗黑格爾的正反論證；[3]我們在這麼做之後不也仍然受因於我們對形而上論的成見，即使我們起身反抗形而上學，而且很明顯地倒轉它的內容？只因為我們擺放一個「最初的」（un «premier»），還使「膚淺」與「深度」對峙、強加一個「本身」（「差異自身」）、假設有一個「下」（sous）（在爭辯論證對立的假深度之下，「有差異的遊戲空間」）、假設一個作為「背景」的「後」（derrière），如形而上學在傳統上被用於後世界（l'arrière-monde）。德勒茲說：「差異是在每一個東西的後面（每一個東西的後面就是差異）。」（«la différence est derrière toute chose»）如此看來，我們真的脫離了形而上學的（理念與實物的）雙層運作嗎？

德勒茲的差異概念的確能思考「非正式的」且「潛在的」複數差異，因此從「同」（Même）「一」（Un）的機制裡解放出來，也從使所有的能量越出屈服於有同一存有本體性地位的形式的「存有」機制裡解放出來。他因此解放出獨特的及異質性的：他避免了再現，並拆除了附屬於差異的概念，強調「紛雜的」（disparate）和「游移不定的」（nomadique）。幸運的是，人的慾望從而被解放了，不再受到（慾望出於）缺乏的詛咒，重新找到它的力氣及其不受管制的多元性。德勒茲的差異觀具有緊湊的創造力，所以我們應該讀他的論著：他的差異觀讓人在它越出當中聽見了「興發」（essor），反抗存有本體論的歸類和固定的「平板」（étale）。然而，認為差異是「根本性的」，這仍然沒脫離想

3．譯註：此處的「界限」指的是萊布尼茲的論點，「對立」則指黑格爾的正反論。德勒茲認為界限和對立都簡化了萬物之運行；他同意尼采對人世的肯定態度。

像有「底部」或基座，即使該差異概念是為了打破底部和基座。認為差異必須「變成基要元素、最終的一致性」，這仍然未與存有本體論的語彙斷開或說只是它的替代：「眾多竄動的差異」（fourmillement des différences）不也只在以對抗的姿態來取代存有本體的一致性？差異不也被豎立成反實質（contre-hypostase），因此仍留在實質裡？於是我們提問，德勒茲面對形而上學已建立的相合，不管他的思想多麼有創意和充滿熱情，他是否只建造了一種「反相合」（contre-coïncidence），但未與之前的相合拉開足夠的間距，以便確實地和該相合做出去—相合。此後，在政治方面，他的思想也只是倒轉而已：他援引亞陶（Antonin Artaud, 1896-1948）的說法，籲求「帶上冠冕的無政府狀態」，這個說法討人喜歡，但未打開任何將來。「在常態性的革命狀態當中」肯定差異，玩的是政治基進性，卻未做出任何「投入」，也沒保證負任何責任。

德勒茲還說：「必須顯露延異的差異。」（«Il faut montrer la différence allant différant»）這句話應和了德希達所創的「延異」（différance），使“différer”維持在動名詞狀態，這是為了與使人的思維固定了穩定性的存有本體拉開間距。德希達憑藉符號，以無限期地延遲其意義因被擁有而變得固定不動的功能，他使得「延異」成了揭發在場（présence）的工具（希臘人說：「存有」就是「在場」«être», c'est «être présent»），形而上學正是建立在「在場」之上。的確，德希達使用字形上微小的差別（延異：différance，差異：différence，即“e”被換成“a”），因此極大程度上和形而上學的秩序做出去—相合，也確實脫離了既定的思想範疇：延異既非字，亦非概念（la différance n'est ni mot ni concept），它讓主動和被動之間的區分變得模糊，因此每一種同一存有本體性（身分）就虛了，有的只是延遲和間隔。既然延異不存在，它就沒有實存，也沒有本質性，等等。既然「跡」顯露的是所有絕對無法被呈現的事物之痕跡，它是非存有本體論的模式，此模式便超出了存有的真理及其相符（亦即真理等於思與所思相符），或說它在呈現時就消逝了。即使如此，我們還是要提問，在某個程度上想要推翻原則和"arché"的形而上學思維之「原」思維（「原跡」，archi-trace），[4]不也再次恢復形而上學？

我們至少看到「延異」和「去—相合」（différance et dé-coïncidence）在此相互印證，也就是說兩者都要揭發任何旨在使本原本質化的運作，從而拆解存有本體論的立場。延異作為推遲和延後，就拆除了（意謂「存有」的）「在場」的可能性。同樣的，去—相合拆

4．譯註：作者解釋，德希達為了走出形上學的主宰，而應用了索緒爾的語言學理論核心，即「差異」，並採用「différer」的進行式分詞，而出了"différance"（延異）。德希達的「延異」要說的是，沒有在場（présence），只有跡（trace）；不斷地延異之後，提出了archi-trace（原跡）。正因為如此，朱利安認為，既然沒有可指定的本原（一切都是跡），何必提出archi-trace（原跡）？此archi-trace（原跡）不也再次恢復了形而上？

除了（擁護自己的）相合本身所建構的本質性和同一性，以及隨之而來的沉溺萎縮之正面性。結果是，兩者所安置成本原性的內容就不再是一種原則（好比形而上學裡所做的）或一場宏偉的開端（好比神學裡所安排的），而是一場「遊戲」（un «jeu»），如德希達說的「差異遊戲」（jeu de différences），能讓語言無限地流通；也如去—相合遊戲，能讓人的存在無限地與自身拉開間距，並重新自我暢然拓展。我們只能用動名詞來理解兩者都是過程性的，或許也應該把去—相合寫成 "dé-coïncidance"。就延異的例子，它無法忍受以填滿來呈現在場，因而導致不可能有任何在場。就去—相合的例子，它無法忍受那擁護自己而阻塞其他可能性，因此變得難以忍受的相符。不可能的在場，對無限的語言遊戲來說是必要的；同理，令人無法忍受的相合狀態，對去—相合來說也是必要的，這是為了把所有的活動重新放回工地，而不是任由活動在平衡穩定的狀態裡萎縮。讓我們這麼說吧，對表達符號及在場而言，德勒茲的延異說其實也是相合性的幻覺。

偉大的赫拉克利特（Héraclite）強而有力的句子：「『一』與自己異化的過程」（en diapheron heautoi），這句話既適用於延異，也適用於去—相合，而且是它們兩者之間邏輯上的橋梁。雖然如此，延異凸顯出一種來自本原的分叉過程，一種產生推遲和延後的「間隔」和「差距」的邏輯；去—相合則不用間隔，而用「脫離」來展露自身，它不是透過推遲和延後，而是經由拆掉穩固並以重新帶來可能性的「間距」（*écart*）運作的，此運作在所有遇到的情況裡都有效，能為局勢打開未來。因此，去—相合概念的賭注不在於意義的可能性，而在於經驗的更新，以及使人的存在重新充滿能力的可能性，一開始去—相合概念就轉向多元性的應用，最先就關乎倫理道德和政治理念的應用。延異和去—相合之間還有一種策略上的差異。德希達的延異策略，德勒兹也這麼做，就是為了「推翻」（renverser）；去—相合的策略則要打開間距，因此是「錯開」（décaler），就是拿掉「墊底」（cale）的東西，並把它移出人們所期待的範圍。然而，「推翻」仍占據著人們所取得的位子，但人們能因此脫離該位子嗎？與該位子拉開距離是更含蓄的做法，但或許更讓人解放。

隨後要問的是，什麼是使去—相合概念特有的「操作藝術」，以及延異概念要做的「解構」彼此靠近或分離的因素？去—相合與延異兩者都要拋掉「堵塞」。德希達所揭發的「形而上的在場」，也可用來指稱社會和政治上的慣性；延異在恢復「遊戲」之下也想要促發最多樣的實地應用，甚至要讓所有的經驗都有勇於探險的能力。存有於在場裡被堵塞了，而暗中建構一種固定的對立項系統，卻不能使它們合理合法；然而，去—相合所質疑的並非存有的霸權。它質疑每一種「相符」的正面性，因為支持相符的正面性秘密地逆轉成「致命的」負面因素，同時又未被提出來討論。去—相合與延異兩者解除堵塞的策略也不一樣。延異的策略是「推翻」形而上學裡既定的對峙項，以便揭發其中的暴力（同時，人們也想要暴力在他們的遊戲當中是一種難以定位的必要成分）。去—相合的策略則要使各種意識形態產生裂縫，由於它們被集體同化之後成了主導人們的因素，人們便不會質疑它們；為了使人們重新看待實踐和情勢，該策略透過「間距」而使那些意識形態變得游離不定。所以，我們所投入的不是要使對立項這個「工具」「出軌」（détraquage），以做出突破（在後馬克思及後結構主義的論述環境裡）；而是要使從意識形態性的相合所滲出，讓我們無所察覺當中變得被動的「順從」（obédience）失去平衡，以便在全球化市場機制和受傳播媒體以及相連運作管理的社會當中，修復我們的「主動性」（initiative）。

更普遍來說，我認為那是時代的難處，也是二十世紀末哲學的難處；那是「重要知識份子」的時代，他們很難想像在他們的哲學工作內部能做出個人的政治投入。兩方的關係最常見的就是並置，更佳情況是一種合理的關係：一方面是思想作品，另一方面是加入某個黨（最常加入的是共產黨）；服從黨宣告的政治「路線」，在該黨的旗幟下在社會上「活動」。一方補償另一方，因「站對邊」（當然是「左派」）而感到良心安好，當人們過著資產階級的生活，那種做法不也出於相合嗎？（西蒙·魏爾倒是一位重要的去—相合者，她與該現象拉開了間距。）由於我們在此看不到概念本身對哲學建構和社會的投入進行論證。這點可在政治上極度誠實的梅洛—龐蒂身上觀察到：在他於爭辯論證方面下了多大的功夫，甚至他的知覺哲學揭示了人對世界的感知有原始性的「交互主體性」（inter-subjectif[5]，「肉體」與世界有共同的條理），和他與共產主義站在同一邊之間有何關係？從感知的事物過渡到角力及暴力關係的社會政治層面，是否存在一種相同的理解能力之結構，讓該過渡有著「最原始的分享」？這就讓梅洛—龐蒂的政治立場相當艱難，使他有關馬基維爾的論述終究比他對馬克思的說法更有說服力。當時的法國知識份子，從沙特到傅柯，都有類似的情況，亦即當他們做政治宣教時，假如他們的宣教不是胡言亂語（例如，何梅尼回去伊朗）或否認，他們的說法很少是令人信服的。這是為何愛給政治訓言的「知識份子」的時代已一去不復返了。

我認為差異概念無法躲過上述的難處。差異概念在知識論的層面（從語言學出發而發展的）和政治應用層面之間出現了斷裂；而且從一個場域到另一個場域的應用當中也發生了脫落（不能接合）。以德希達為例，他一方面從符號理論出發而建構了延異觀，因而揭發形而上學的在場；另一方面，他表達他的政治立場：這些政治表態是如何來自他的思想，如果不是出於好意的意見（避免說是出於「相合」）呢？至於德勒茲，對差異的頌揚不

5．譯註：對作者而言，梅洛—龐蒂肉體說的 inter-subjectif 接近王夫之的「情景相融」。

可避免地落入逆向的意識形態此一方便的做法，偏向令人歡欣的修辭性念咒：就是有利於「災難性的」差異、常期以來被「詛咒的」差異、被傳統逐出的「混亂流浪」，這一切反抗道德良好秩序及其內在理路。然而，為了實在的政治投入，歌頌未被馴化的「野生」差異就夠了嗎？該差異「游移不定地」散發出去，既使人快樂，也令人恐懼。不同於差異概念，去—相合概念的價值在於，它透過間距而能在最多樣的經驗場域之間（從人的存在到美學、從神學到政治理念）遊走，並在之間裡凸顯出一種同類性（homologie），但並非結構性的，而是「功能性的」類似，由此讓人聽見該概念的「操作」特性：去—相合概念便如此從一個場域過渡到另一個場域，但不會使任何場域特有的向度被異化，也不會使任何一個被壓縮成另一個，不會為它們分等級。去—相合概念還有一個優點，就是它不宣講任何主張，也不假設任何意見或立場，而是從對情勢的分析出發「直接投入」其中，並不經過理論模式。「延異」和「散發」思維的召喚必須留在無限的初步階段。與其不同的是，一旦我們做出去—相合，我們「立即處於實效當中」；如此的去—相合操作不會背叛自己或偏離，該操作能發展的程度或多或少，所以帶來的效果也或多或少，但它不會變壞，不像一種原則性的投入總有可能沒什麼好下場。

往昔與差異思維相連的主導政治的主題是揭發（dénonciation），即揭發來自結構上「紀律性」的權力及壓制，最先就是對種種差異的壓制，甚至包括哲學方面。德希達在關於延異的論著裡寫道：「哲學被做成一種壓制。」。揭發這個字在所有對「法西斯主義」雜七雜八的指控當中非常流行，羅蘭．巴特（Barthes）為了討好傅柯而說出：「語言是法西斯的。」（la langue est «fasciste»）容我這麼說，在那個時代這種懷疑得以「舒適地」發展，是因為經濟成長看似無止境的，資源本身是無限的，高生活水準有保障，進步被永久應許：人們只需要放開慾望。在那個時代，人們也宣告「哲學之死」，但哲學卻漂亮地積極活動著，它批判得很高興，當時反資產階級的哲學家被視為城邦的先知預言家。然而，今天地球上的生活不再像那個時代那麼安穩（毫不誇張地說），明天「不再歡唱了」，毫無疑問地，「生活水準」降了很多，至少在法國，權力機構被弱化，教學被解構，人們甚至不再好好學習語言，至於哲學，受到反哲學（anti-philosophie）的重擊之下，哲學不再活潑，反而看到自己默默地被埋在偽哲學（pseudo-philosophie）之下。在這種局勢當中，我們要問，昔日以差異為名義而提出的「重大（絕對性的）懷疑」（Grand Soupçon）不是一種奢侈，甚至是一個夢想嗎？推翻權力（Le Renversement du Pouvoir）曾經是一場節慶，一個我們今天玩不起的節慶場面。今後關閉我們的是一種「相合性的」重大壓縮，但在「帶風向的人」（influenceurs）機制之下，壓縮我們的牆是不可見的，彷彿當今只要「按一下」（d'un «clic»），我們就得以進入某處。所以，我們必須團結並聯合起來在實地上透過含蓄的去—相合操作，確實地使上述不可見的運作「產生裂縫」。或者，我們放棄抵抗？

國家圖書館出版品預行編目(CIP)資料

重新打開可能性：去一相合,一種操作術/朱利安(François Jullien)作；卓立(Esther Lin)譯. -- 初版. -- 新北市：黑體文化,左岸文化事業有限公司出版：遠足文化事業股份有限公司發行,2024.07
面；　公分. -- (空盒子；1)
譯自：Rouvrir des possibles : dé-coïncidence, un art d'opérer.
ISBN 978-626-7512-02-9(平裝)
1.CST: 哲學 2.CST: 邏輯

100　　113010317

特別聲明：
有關本書中的言論內容，不代表本公司／出版集團的立場及意見，由作者自行承擔文責。

黑體文化　讀者回函

空盒子 1

重新打開可能性：去一相合，一種操作術

Rouvrir des possibles: Dé-coïncidence, un art d'opérer

作者・朱利安（François Jullien）｜譯者・卓立（Esther Lin）｜責任編輯・龍傑娣｜美術設計・林宜賢｜出版・黑體文化／左岸文化事業有限公司｜總編輯・龍傑娣｜發行・遠足文化事業股份有限公司（讀書共和國出版集團）｜地址・23141新北市新店區民權路108之3號8樓｜電話・02-2218-1417｜傳真・02-2218-8057｜郵撥帳號・19504465 遠足文化事業股份有限公司｜客服專線・0800-221-029｜客服信箱・service@bookrep.com.tw｜官方網站・http://www.bookrep.com.tw｜法律顧問・華洋法律事務所・蘇文生律師｜印刷・中原造像股份有限公司｜初版・2024年7月｜定價・300元｜ISBN・9786267512029・9786267512012（PDF）・9786267512005（EPUB）｜書號・2WVB0001